心の哲学入門

金杉武司

An Introduction to the Philosophy of Mind

kanasugi takeshi

keiso shobo

はじめに――心とは何か？

われわれはふだん、人々が心を持つことをごく当たり前のこととして生活している。そして、「あの人は心が広い」とか「私は心の中では、口で言ったこととは別のことを考えていた」というように、ごく当たり前に、心について語ったり考えたりする。しかし、そもそも「心」とは何なのだろうか。心はあまりに身近にあるため、われわれはふだんそれについて顧みることがないが、「心とは何か？」といざ問われると、簡単には答えを示せないように思われる。心は、椅子や机のように単に身近にあるだけでなく、われわれの生活の土台を成す非常に基本的なものであると言えるだろう。しかし、そのように基本的なものであるにもかかわらず、それが何であるかをすぐに答えることができないように思われるのである。

哲学とは、このように、われわれの生活の土台を成すにもかかわらず、それが何であるかが必ずしも明らかでないような基本的なものごとについて問う学問である。このような基本的なものごととしては、「心」の他にも、たとえば、「時間」や「道徳的なよし悪し」、「知識」、さらには「存在」のようなこれ以上抽象的なものごとはないと思えるほど抽象的なものまで挙げることができる。われわれは、「今日は時間が経つのが早かった」とか「まだ時間は残っている」などと言うことがあるが、そもそも「時間」とは何なのだろうか。盗みが悪いことであり、人助けがよいことであるといったことは、ごく当然のこととして考えられているが、そもそも「(道徳的に)よい」とか「(道徳的に)悪い」とはどういうことなのだろうか。また、われわれは、「彼女は自然科学の知識が豊富だ」とか「あの人は常識を知らない」などと言うことがあるが、そもそも「知識」とは何なのだろうか。「この部屋には椅子が三つある」と言うときや「この絵にはたとえようのない美しさがある」などと言うときには、同じように「ある」という言葉が使われるが、「ある(存在する)」とはそもそもどういうことなのだろうか。このように、哲学にはさまざまな問題があり、扱う問題ごとに、「心の哲学」、「時間の哲学」、「道徳の哲学」(あるいは「倫理学」)、「知識の哲学」(あるいは「認識論」)、「存在の哲学」(あるいは「存在論」)といった呼び名がつけられている。

本書は、これらのうちの一つである「心の哲学」の入門書である。以下では、「心とは何か?」という問いに対して、どのように考えていくことが心の哲学であるのか、そして、実際に心の哲学ではどのような議論が展開されているのかを示し、読者の皆さんを心の哲学へと誘っていきたいと思う。本書は、本当の意味での「入門書」になることを目標としている。そのため、心の哲学に関する通常の解説に加えてQ&Aのコーナーを設け、できる限り、哲学の初学者の目線から議論を進めることを心掛けた。

しかし、目標はそれだけではない。本書は「心の哲学」の入門書であるが、それと同時に、「哲学」一般の入門書となることも目標としている。本書が扱う問題領域は「心」に限定されてはいるが、「心」について哲学的に考えるとはどのようなことなのかを示すことによって、そもそも「哲学的に考える」とはどのようなことなのかをも示すことを心掛けた。また、その点を念頭に置いて、哲学一般において重要であると考えられる事柄について解説するコラムもいくつか設けている。本書を読み進める際には、このコラムにも是非、目を通していただきたい。

心の哲学入門　目次

目次

目　次

コラム

序章　「心とは何か？」という問い

「心」とは何か？　この問いについて考えるのがこの本のテーマである。しかし、ただ腕を組んで「心とは何か？」と頭の中でつぶやいていても思考は進まないものである。それでは、どのように考えていけばよいのだろうか。ここでは、この問いについてどのように考えていけばよいのかを考えることを通して、哲学的思考の一つのあり方を示したいと思う。

1　心についてどのように考えていけばよいのか？

ロボットは心を持ちうるか？

「心とは何か？」というような抽象的な問いについて考察することはとても難しいことである。このような場合には、問いかけを少し具体化して、それを足掛かりにするとよい。たとえば、「ロボットは心を持ちうるか？」という問いについて考えてみてはどうだろうか。「ロボット」というのは、金属などの部品でできているあのロボットのことである。『スターウォーズ』に出てくるC３POを思い浮かべてもよい。あのようなロボットは心を持ちうるだろうか。この問いならば、少しは考えるきっかけがつかめないだろうか。

ただし、二点だけ注意してほしい。まず、この問いが尋ねているのは、現実に存在しているロボットたちが心を持っているかどうかではなく、あくまでも、ロボットのような存在が心を持つことが可能かどうかだという点である。それから、単に「持ちうる」「持ちえない」といった答えだけでなく、なぜそう考えられるのかその根拠も示してほしい。たとえば、自分とは反対の意見を持つ友人に「なんでそう思うの？」と問われたと想像するとよい。その友人を説得するつもりで、自分の考えの根拠を引き出してみよう。

このような問いを出されると、人はふつう、以下に示すような答えを返すだろう。実際、以下では、大学ではじめて哲学を学ぶ学生にこの問いを出したときの回答を利用している。

(1)持ちえない（以下、その根拠）

①心は生物しかもちえないものであるのに対して、ロボットは人間が作った機械（人工物）だから。

②心を持っている人間には、自ら考えたり行為したりしようとする自発性があるが、プログラムに

従っているだけのロボットにはそのような自発性がないから。
③心の状態の一つである「感情」は、非常に多様で複雑なものであるのに対して、二進法（0か1か）のプログラムに従っているだけのロボットはそのような多様性や複雑性を示しえないから。
④心は非物質的なもの（魂のようなもの？）であるのに対して、ロボットは物質の塊に過ぎないから。

⑵持ちうる（以下、その根拠）
①人間は物質の塊であり、それゆえ、心のはたらきも物質のはたらきにほかならない。そして、物質の塊であるという点ではロボットも人間も同じだから。
②心のはたらきとは脳のはたらきにほかならない。この脳のはたらきを解明して、ロボットの脳にそのはたらきを組み込むことはいずれ可能になるだろうから。
③心の多様性や複雑性とは、結局のところ、「ペットが死ぬと悲しむ」とか「宝くじが当たると喜ぶ」といったパターンを複雑化したものにほかならない。それらの複雑なパターンを実現するプログラムを見出して、それをロボットの脳に組み込むことはいずれ可能になるだろうから（現在は単純なプログラムしか組み込めないが）。
④ロボットのプログラムは人間に決められた単純なものからスタートするしかないかもしれない。しかし、ロボットもさまざまな経験や学習をすることができ、これらの経験や学習を通して自発

性や複雑性が生み出されると考えられるから。

(3) わからない（以下、その根拠）

① 「心」とは何かをわれわれはよくわかっていないから。

② 「心」を定義してくれなければ、考えようがないから。

さて、この中でまず注目したいのは(3)の回答である。多くの人は、この問いに対して「わからない」と答えるという選択肢はないものと思っていたかもしれない。しかし、改めて考えてみると、(3)のように答えたくなるのもわかるという人も少なくないのではないだろうか。確かに、「ロボットは心を持ちうるか？」と問うているのに、「心」ということで何を意味するのかをあらかじめ示してはいなかった。これでは、持ちうるかどうかと問われているものがそもそも何なのかがわからないではないか。こう考えると、「わからない」と答えるのが最も適切であるとさえ思えてくるかもしれない。

しかし、はじめから「心とはこういうものである」という定義を示すことができるのだとしたら、「心とは何か？」と考える必要はない。この本はここで終わりである。現時点ではそのような定義を示すことができないからこそ、「心とは何か？」と問いかけているのである。それでは、どうすればよいのか。「心」とは何かを考える足掛かりとして「ロボットは心を持ちうるか？」と問うことはまったく無意味なことだったのだろうか。やはり、「心とは何か？」と沈思黙考するしかないのだろうか。

そのようなことはない。われわれに考察の手掛かりがないわけではない。それらの手掛かりは、まさに「ロボットは心を持ちうるか?」という問いに対する回答の中に示されている。実を言うと、「ロボットは心を持ちうるか?」というように、問いかけを具体化した真の狙いは、その問いに答えることそれ自体ではなく、「心」とは何かを考える手掛かりを浮き彫りにすることにあったのである。以下では、それらの手掛かりについて見てみよう。

心の状態と心の基本的特徴

確かに、われわれは、「心」とは何かを完全には理解していない。しかし、そうだとしても、われわれは、心にさまざまな状態があるということは知っている。たとえば、回答(1)の③に挙げられている「感情」がその一例である。感情も含めて、心の状態としては、たとえば次のようなものを挙げることができるだろう。

・何かが成立していると考えたり信じたりしている状態

……心の哲学では、これらを総称して「信念」と呼ぶ。たとえば、たいていの人は地球は丸いと考えていると思われるが、この心の状態を指して「地球は丸いという信念」と表現する。あるいは、ある人が、友人の家に電話をしても誰も出ないことから、友人の家は留守だなと考えたとしよう。このような思いもまた「信念」と呼ばれる。「信念」という語のこのような使い方には違和感があるかもしれないが、心の哲学では通常、以上のような考えや思いのことを指して「信念」という語を用いる。以下ではその点に注意してほしい。

・何かが成立することを欲している状態
……心の哲学では、これを「欲求」と呼ぶ。たとえば、ある人がカレー屋の前を通ったときにふとカレーを食べたくなったとする。この心の状態を指して「カレーを食べたいという欲求」と表現する。あるいは、サッカー選手になりたいと思っている子どもがいるとしよう。このような思いもまた「欲求」と呼ばれる。

・何かに喜んだり悲しんだりしている状態
……心の哲学では、これらを総称して「感情」と呼ぶ。たとえば、ある人が家族を亡くして悲しんでいるとする。あるいは、ある人が友人からプレゼントをもらって喜んでいるとする。このような悲しみや喜びなどを「感情」と呼ぶ。

・何かを見たり聞いたり味わったりしている状態や痛みや痒みなどを感じている状態
……心の哲学では、これらを総称して「知覚」や「感覚」と呼ぶ。たとえば、ある人が窓の外に目を向けたところ、雨が降っているのが見えたとする。あるいは、ある人が部屋の中で本を読んでいたところ、外を走る救急車のサイレンが聞こえてきたとする。このように何かを見たり聞いたりしている状態を「知覚」と呼ぶ。また、ある人が指に針を刺してしまい鋭い痛みを感じたとする。あるいは、ある人が背中にむず痒さを感じて、定規で背中をかいたとする。このような痛みや痒みなどを「感覚」と呼ぶ。

このように心にさまざまな状態があるということを手掛かりにして、心とは何かを考えていくことはできないだろうか。

もっとも、心にさまざまな状態があるというだけでは、どう考えてよいのかピンと来ないかもしれない。しかし、手掛かりはそれだけではない。さまざまな心の状態があることを確認したわれわれは、さらに、それらの心の状態にさまざまな基本的特徴があることも確認することができる。たとえば、回答⑴の②が挙げている「自発性」や、回答⑴の③が挙げている「多様性」「複雑性」がその一例である。このような基本的特徴はそのほかにも挙げることができるだろう。それらの基本的特徴を手掛かりにして、心とは何かを考えていくことができるのではないだろうか。

これはちょうど、ある金属が「硝酸や硫酸に溶ける」という特徴を持つことを手掛かりにして、それが「金でない」ことがわかったり、ある液体が「電気分解すると水素と酸素に分解される」という特徴を持つことを手掛かりにして、それが「水である」ことがわかったりするのと同じである。これらの特徴は、それらの金属や液体が何であるか（あるいは、何でないか）を結論するための根拠となっている。これと同じようにして、心のさまざまな基本的特徴を根拠にして、心がどのような存在であるかを明らかにすることができるように思われるのである。

Q&A

（Q1）痛みの感覚や痒みの感覚はなぜ心の状態に含められるのか？　それらは身体の状態であって心の状態ではないように思う。

（A1）確かに、痛みや痒みは身体のある部分にあると感じられる。しかし、痛みや痒みを感じるには主体に意識がなければならないように思われる（意識がないのに痛みや痒みを感じているというのは理解できないだろう）。そして、意識は心の一つの基本的な特徴であるように思われる。それゆえ、痛みの感覚や痒みの感覚などは心の状態の一つに数えられるのである。なお、意識については第2章で詳しく考察する。

常識心理学——哲学と常識

以上のように、われわれは心についてのある程度の知識を持っている。それらの知識はある種の「常識」と言ってよいくらいに（少なくとも大人ならば）誰もが同意するものであると言えるだろう。

心の哲学では、心についてのこのような常識的知識の総体を「常識心理学」と呼ぶ（あるいは、「素朴心理学」や「民間心理学」と呼ぶこともある）。

さて、前節で確認されたのは、この常識心理学を心の哲学の出発点にすることができるということである。つまり、哲学はある種の常識に基づくものなのである。これに対しては、哲学とはもっと常識を疑うものではないのかという疑問があるかもしれない。確かに、哲学には常識を疑う視点がある。常識を疑うべき根拠がある場合には、哲学は常識に固執しない。しかし、それは、つねに常識を疑うということではない。特に疑うべき根拠が示されていない限り、常識に依拠して考察していくことを控える必要はないのである。

さらに言うならば、われわれは何らかの常識を足場にしない限り、いかなる哲学的考察も行うことができない。いかなる常識からも独立に哲学的考察を始めることはできないのである。それは、何らかの常識を足場にしない限りは、そもそも問いの対象が何であるかすらまったく特定することができないからである。たとえば、「心とは何か？」という問いで考えてみよう。この問いが成り立つためには、われわれが「心」と呼ぶものを、完全にではないにせよ、ある程度は把握できていなければならない。そうでなければ、そもそもそれが何についての問いであるのかがわからなくなってしまう。では、なぜわれわれは「心」をある程度把握できているのだろうか。それは、われわれが「心」ということで、われわれの常識心理学で理解されているところの心を念頭に置いているからである。この常識心理学に依拠しない限り、われわれは、「心とは何か？」という問いかけすらできないのである。

もちろん、常識は決して不可謬でない。そうである以上、常識心理学のある見解が否定される可能性はある。しかし、そのときには、心とはそういうものではないと考えるべき根拠がなければならない。そして、その根拠があくまでも「心」についての一つの理解である限りは、その「心」の理解の足場となる常識心理学の別の見解がなければならない。どの常識にも誤りである可能性はある。しかし、われわれはつねに何らかの常識を出発点としなければならない。このような意味で、常識は哲学の足場となるものなのである。

テーゼとその論証

以上のように、「ロボットは心を持ちうるか？」という問いに対する回答の中には、これからの考察の足場となる常識心理学の見解が含まれている。しかし、回答の中には必ずしも常識心理学の見解とは言えないものも含まれている。たとえば、「心は非物質的なものである」とする回答⑴の④や、「心のはたらき」を「物質のはたらき」や「脳のはたらき」とみなす回答⑵の①および②がそれである。これらは、必ずしも誰もが共有している自明な見解ではないだろう。何よりも、⑴の④と⑵の①は真っ向から対立する見解である。それらは、常識心理学の見解のように、心とは何かを考える際の根拠としてはたらくものではない。それらは、むしろ、常識心理学の見解によって根拠づけられるべき結論、つまり、心とはどのような存在であるかという問いに対する答えとして位置づけられるべきものである。このように結論として根拠づけられるべき見解を「テーゼ」と呼ぶことにしよう。

これまでの考察によって、心についての考察の大まかな道筋が見えてきたと思う。それは、心が持つさまざまな基本的特徴を根拠にして、心がどのような存在であるかに関する何らかのテーゼを結論として導き出すという道筋、すなわち「論証」である。次章以降の各章では、いずれにおいても、心が持つ何らかの基本的特徴が主題として取り上げられる。そして、それを根拠として、心の哲学のテーゼの論証が試みられることになる。

Q&A

（Q2）哲学において重要なのは考えるプロセスである、という話を聞いたことがある。これは、答えを出すことそれ自体は重要でないということか？　いくら考えても答えが出ないようなことについて考えるのが哲学であるというイメージがあるが、そもそも哲学には答えはあるのか？

（A2）確かに、哲学は答えを出すプロセスに重点を置いている。その現れの一つが「論証」の重視である（もう一つは、第3節で見る「反論」の重視である）。しかし、それは、答えを出すことを目標としていないということではない。論証を重視するのは、何よりも正しい答えを出そうとしているからである。あくまでも「正しい根拠に基づいて正しく答えを導き出すこと」が哲学の目標なのである。もちろん、これは、答えが必ず出るということの保証にはならない。しかし、「答えが出ない」と言い切ることは、それはそれでなかなか簡単にできることではないように思われる。この点については、「おわりに――結局のところ答えは出せるのか？」でも触れたいと思う。

2　心の哲学の二つのテーゼ

それでは、次章以降、どのようなテーゼの論証が試みられるのだろうか。心の哲学には、代表的な立場が二つある。本節では、あらかじめそれらが掲げるテーゼについて簡単に紹介しておこう。

二元論と物的一元論

まずは、「二元論」と呼ばれる立場である。これは、回答(1)の④で示唆されていた立場であり、そのテーゼは次のように言い表すことができる。

二元論のテーゼ：心は非物理的な存在であり、世界はこの非物理的な存在と物理的な存在の二種類の存在によって構成されている。

物理的な存在とは、机や椅子、われわれの身体のように、その性質や構造、構成要素などを究極的には物理学で十分に理解できるような存在である。これらは、それがどのようなものであるかを誰もが認識できる客観的存在であり、また空間内のある場所に位置づけることのできる空間的存在であると考えられる。二元論によれば、心はこのどちらの性格も持たない非物理的な存在である。つまり、心は、それがどのようなものであるかが所有者本人にしか認識できないような主観的存在であり、また空間内のどの場所にあるといったことが言えないような非空間的存在である。「二元論」という名前は、以上のように、世界が二種類の存在によって構成されていると主張するところに由来する。

もう一つの代表的な立場は「物的一元論」と呼ばれる。これは、回答(2)の①で示唆されている立場であり、そのテーゼは次のように言い表される。

物的一元論のテーゼ：世界は物理的な存在のみによって構成されている。

つまり、世界に存在するものはすべて、その性質や構造、構成要素などを究極的には物理学で十分に理解できるような存在であり、それゆえ客観的で空間的な存在であると主張するのが物的一元論である。それゆえ、物的一元論は、しばしば「物理主義」とか「唯物論」とも呼ばれる。物的一元論によれば、心がもし世界を構成する存在の一つであるのならば、心もまた物理的存在なのである。

二元論への誘惑と自然科学的世界観

われわれはなぜ心に関して対立する二つの見方を持っているのだろうか。それは、どちらのテーゼにもそれなりのもっともらしさがあるからである。

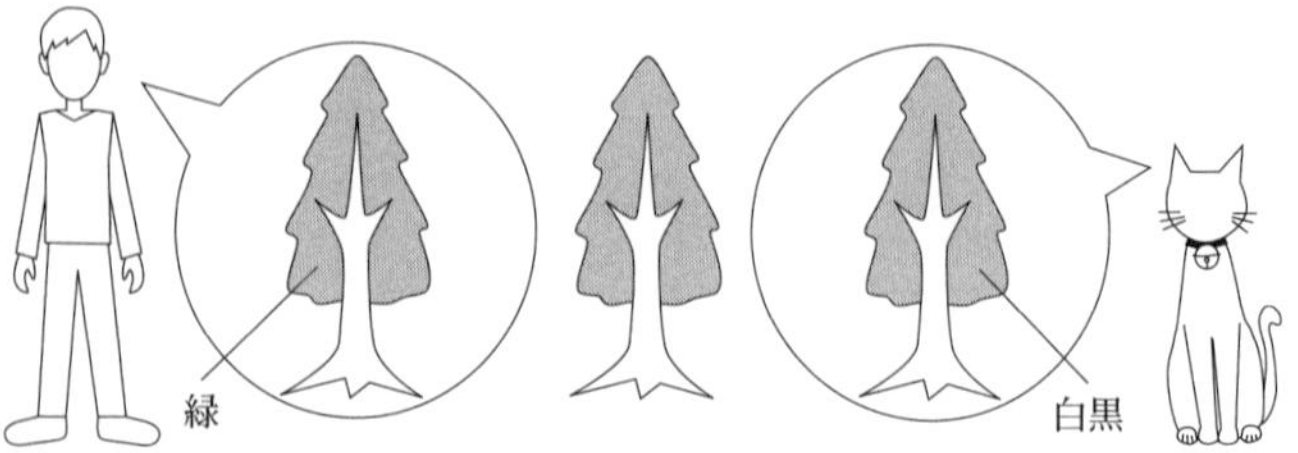

図序―1

まず、二元論がもっともらしく思えてくる考察として次のようなものがある。たとえば、人間以外の生物の知覚について考えてみよう。昆虫は人間には見えない紫外線を知覚しているとか、犬や猫などは白黒の世界を知覚していると言われる。これはつまり、同じ対象を知覚していても、それらの動物の意識への現れと人間の意識への現れは異なるということである。とすると、それらの意識への現れそのものは、客観的な存在ではないように思えてくる。というのも、客観的には対象は一つだけであると考えられるからである。それでは、対象の意識への現れとは何なのか。それはどこにあるのか。それは、客観的な物理的存在とは異なる主観的な存在なのではないだろうか。このように考えると、心が非物理的な存在であると考えるのももっともに思えてくる（**図序―1**を参照）。

しかし、他方では、物理学を基礎とする自然科学的な世界観が物的一元論を支持するように思われる。自然科学によって、これまで多くの成果が示されてきた。たとえば、生命現象はかつて「生気」という非物理的な生命原理によって説明されていた。しかし、今では、生命現象も自然科学的に説明されるようになった。また、生物の進化についての理解も物的一元論をもっともらしく思わせる。生物の進化はすべて、自然選択という物理的な過程として理解することができる。この進化の過程のどこに非物理的な存在の入り込む余地があるのだろうか。

このように、二元論と物的一元論は、どちらにもそれなりにもっともであると思わせるものがある。このどちらが正しい考え方であるのかについては、多くの議論の余地があるということである。

Q&A

（Q3）「物的一元論」はなぜ単なる「一元論」ではなく、「物的」と形容されるのか？「物的」ではない一元論もあるのか？

（A3）ある。たとえば、世界は非物理的な心的存在のみによって構成されているとする「心的一元論」（あるいは、「観念論」とか「唯心論」と呼ばれることもある）や、世界は心的でも物理的でもない中立的な存在のみによって構成されていて、心的なものと物理的なものはその中立的存在の二つの側面ないし属性、あるいは派生物に過ぎないとする「中立一元論」もある。

しかし、これらの立場は、物的一元論や二元論に比べて現代の哲学者にあまり人気がない。それはなぜかをここで詳しく論じることはできないが、その大きな要因は、心的一元論も中立一元論も、物理的存在が世界の根元的な構成要素の一つであることすら認めないため自然科学的な世界観と根本的に対立してしまうという点にあると思われる。

（Q4）心のはたらきが脳のはたらきと密接に関係することはほぼ常識と言えるのではないか？そうであるならば、心は脳という物理的存在であり、物的一元論が正しいと言えるのではないか？

（A4）確かに、心のはたらきと脳のはたらきが密接な関係にあるというのはほぼ常識と言えるかもしれない。しかし、その「密接な関係」とは厳密に言うとどのような関係なのだろうか。われわれは、「密接な関係」ということで、心は脳そのものだと考えているのだろうか。そうではなく、非物理的な心が脳にはたらきかけたり、逆に脳が非物理的な心にはたらきかけたりする関係を念頭に置いているのだとしたら、それは決して物的一元論ではない（詳しくは、第1章を参照）。このように、この「常識」には曖昧な部分があるように思う。

3　哲学的議論の方法

第1節のQ&Aで見たように、哲学は、正しい根拠に基づいて正しく答えを導き出すことを目標とする。したがって、哲学では、ある主張の論証（根拠づけ）が正しいかどうかをめぐって議論が展開される。しかし、厳密に言うと、「論証」とはどのようなものなのだろうか。また、どのようにすれば論証が正しいかどうかを確かめることができるのだろうか。ここでは、以上の点を明らかにしながら、哲学的議論の方法を示していきたいと思う。

論証の構造と論証の正しさ

論証は、**図序―2**のように、根拠となるいくつか（少なくとも一つ）の前提から一つの結論を導出するという構造を持つ。場合によっては、論証がいくつも積み重ねられることによって最終的な結論が出るということもある。しかし、そのような場合であっても、論証の基本単位は、前提から結論を導出するという構造を持っている。

図序―2に示すような構造は、図に書き出すほどのものではないと思われるかもしれないが、図に書き出したことには理由がある。それは、論証を構成している要素は、「前提」と「結論」だけではないという点を強調するためである。つまり、前提から結論を導き出す過程である「導出」もまた、論証の重要な構成要素なのである。これはすなわち、前提と導出はあくまでも別の要素であり、それゆえ、ある結論を導き出す論証が正しい論証であるためには、単に前提が正しいだけでなく、導出もまた正しいものでなければならないということである。

前提と導出の正しさが別であることを理解するには、具体例をいくつか見るとよい。以下に挙げる四つの例のうち、例4を除く三つは前提か導出に誤りがある。それぞれどこが誤っているのだろうか。

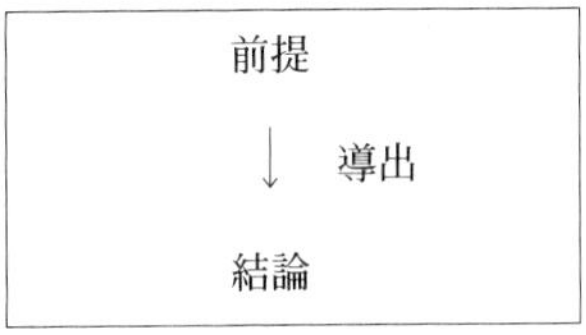

図序―2

例1　前提1：魚は水中を泳ぐ。
前提2：クジラは水中を泳ぐ。
結論（前提1・2から）：クジラは魚である。

例2　前提1：魚は水中を泳ぐ。
前提2：サンマは水中を泳ぐ。
結論（前提1・2から）：サンマは魚である。

例3　前提1：人間は魚である。
前提2：魚には足が四本ある。
結論（前提1・2から）：人間には足が四本ある。

例4　前提1：サンマは魚である。
前提2：魚は水中を泳ぐ。
結論（前提1・2から）：サンマは水中を泳ぐ。

答えは次の通りである。例1と例2はどちらも、前提は二つとも正しいが、それらの前提から結論を導出するところに誤りがある。それに対して、例3は、前提は二つとも誤りであるが、それらの前提から結論を導出するところには何の誤りもない。例4は、二つの前提、導出のいずれも正しい。

以上の例で明らかなように、前提が正しいというのは、それが事実と一致しているということである。しかし、以上の例だけでは、導出の正しさとは何なのかがまだわからないかもしれない。そこで、導出の正しさの定義を以下に明示しておこう。

導出の正しさ：仮に前提が正しいとしたら結論も必ず正しいと言えるということ

したがって、導出の正しさにとっては、前提が実際に正しいかどうかは関係ない。例3の前提はどちらも実際には誤りであるが、それらが仮に正しいとするならば、結論も必ず正しいと言うことができる。それゆえ、例3の導出は正しい導出なのである。それに対して、例1の場合には、前提がともに正しいからといって結論も正しいことになるわけではない。それゆえ、例1の導出は誤った導出なのである。

それでは、例2の導出はなぜ誤りなのだろうか。例2の前提は実際に正しいし、結論も実際に正しいではないか。このような疑問を持った人がいるかもしれない。しかし、このことから、例2の導出が正しいと考えるのは誤りである。というのも、例2の前提がともに正しいとしても、例2の結論が誤りである場合を考えることができるからである。つまり、例2の前提1・2が正しいというだけでは、サンマが魚ではない可能性を排除できないのである。

以上の疑問を感じた人は、「サンマが魚ではない可能性？」とさらに疑問を持ったかもしれない。もちろん、実際にはサンマは魚である。しかし、それは、仮に前提が正しいとしたら結論も必ず正しいと言える、ということと同じではない。仮に前提が正しいとしたら必ず結論も正しい、ということは、その前提の下では結論が誤りである可能性が排除されるということ、つまり、結論に疑いを持っていた人であってもその前提の下では結論の正しさを認めなければならないということである。「論証」とは、ある種の「証明」なのである。例2の前提1・2が正しいというだけでは、サンマが魚ではない可能性を排除できない。前提1の「魚は水中を泳ぐ」は、魚が水中を泳ぐものの集まりに属すことを意味し、前提2の「サンマは水中を泳ぐ」は、サンマが水中を泳ぐものの集まりに属すことを意味するが、これらの前提に基づく限りでは、サンマが魚の集まりに属すということは証明できない。この限りでは、サンマは、クジラのように、水中を泳ぐが魚の集まりには属さないものかもしれないからである。そうである以上、例2の前提によって、サンマが魚であることは証明できていない。それは、例2の前提によって、サンマが魚であることが証明できているのだとしたら、例1の前提によって、クジラが魚であることも証明されたことになってしまうという点を考えても明らかである（例1と例2は「クジラ」と「サンマ」が入れ替わっている点にしか違いがなく、導出のパターンとしてはまったく同じである）。それゆえ、サンマが魚であるとは結論できないのである。

Q&A

（Q5）導出が正しい例として挙げられた例3と例4は導出のパターンが共通していたが、正しい導出のパターンにはどのようなものがあるのか？　例を挙げて欲しい。

（A5）以下に典型的なものを挙げておこう。A～Cには「雨が降っている」とか「運動会は中止である」といった文、a～cには「サンマ」とか「魚」といった語が入る。なお、例3と例4のパターンは④である。

〈正しい導出のパターンの例〉

①

前提1：AならばB（AのときB）
前提2：A
結論（前提1・2から）：B

②

前提1：AならばB（AのときB）
前提2：Bでない

〈誤った導出のパターンの例〉

①

前提1：AならばB（AのときB）
前提2：B
結論（前提1・2から）：A

②

前提1：AならばB（AのときB）
前提2：Aでない

結論（前提1・2から）：Aでない

③
前提1：AならばB（AのときB）
前提2：BならばC（BのときC）
結論（前提1・2から）：
　AならばC（AのときC）

④
前提1：aはbである
前提2：bはcである
結論（前提1・2から）：aはcである

⑤
前提1：AまたはB
前提2：Aでない（Bでない）
結論（前提1・2から）：B（A）

結論（前提1・2から）：Bでない

前提1：AならばB（AのときB）
前提2：CならばB（CのときB）
結論（前提1・2から）：
　AならばC（AのときC）

前提1：aはbである
前提2：cはbである
結論（前提1・2から）：aはcである

以上に示したのはほんの一例に過ぎない（例は無数にある）。正しい導出のパターンについてより深く学ぶには「記号論理学」を学ぶ必要がある（記号論理学では、導出の正しさのことを「論証の妥当性」と呼ぶ点に注意）。また、日常的な論証には、適切に前提を補わなければ導出の正しさを以上のようなパターンだけでは評価できず、前提と結論の意味内容から判断しなければならないものもある（本書の以下でもそのような論証が出てくる）。

しかし、どの場合でも「仮に前提が正しいとしたら必ず結論も正しいと言えるかどうか」が導出の正しさの基準になっている。導出の正しさとは何かを理解していく上では、以上に示したようなパターンを単に暗記するのではなく、一つ一つの論証について、導出がこの基準を満たすかどうかを検討することの方が重要である。

反論の二種類――異論と批判

先に見たように、哲学は、主張を正しく論証することを目標とする。それゆえ、哲学的議論においては、その論証に対して反論できるかどうかを検討することが重要である。

しかし、ここで注意したいのは、通常「反論」と呼ばれるものには二つの種類があるということである。この二種類を取り違えたまま反論しようとすると、議論は空回りしてしまう。本書では、その二種類を「異論」と「批判」と呼んで明確に区別することにしよう。異論と批判はそれぞれ次のように定義される。

異論：ある論証の結論に対して、それに対立する結論を論証すること。

批判：ある結論の論証に対して、その論証が正しくないことを論証すること。

要するに、結論に反論するのが異論で、論証に反論するのが批判である。論証には前提と導出という二つの要素があるので、批判にはさらに、前提に対する批判と導出に対する批判の二種類がある。「Aである（前提）。それゆえ、Bである（結論）」という形式の主張に反論する場合、異論は「Bでない」という主張を結論とする。それに対して、前提に対する批判は「Aでない」という主張を結論とし、導出に対する批判は「Aだからといって、必ずしもBであるとは言えない」という主張を結論とする。いずれにせよ、批判は「この論証では、Bであるとは結論できない」と言うことを主旨とする。具体的な例としては、以下に挙げるようなものを考えることができる（なお、以下に示す反論の例には、説得力がないと感じられるものもあるかもしれないが、その点に気をとられずに、反論の種類の違いに意識を向けてほしい）。

〈例1〉

「テロを撲滅する必要がある。それゆえ、空爆すべきである」という主張に対する反論

・異論：戦争はいつでも一般市民を犠牲にする。それゆえ、空爆すべきではない。
・前提に対する批判：テロは理不尽な抑圧に対する正当な抗議行動である。それゆえ、そもそもテロを撲滅する必要はない。（それゆえ、この論証では、空爆すべきであるとは結論できない。）
・導出に対する批判：テロを撲滅する手段は他にもある。それゆえ、テロを撲滅する必要があるからといって、空爆すべきだとは言えない。（それゆえ、この論証では、空爆すべきであるとは結論できない。）

〈例2〉
「中絶は殺人である。それゆえ、中絶は禁止すべきである」という主張に対する反論
・異論：母体の健康を守るために中絶が必要な場合もある。それゆえ、中絶を禁止すべきではない。
・前提に対する批判：胎児はまだ人ではない。それゆえ、そもそも中絶は殺人ではない。（それゆえ、この論証では、中絶は禁止すべきであるとは結論できない。）
・導出に対する批判：正当防衛が認められるように、すべての殺人が無条件に認められないわけではない。それゆえ、中絶が殺人だからといって、中絶を禁止すべきだとは言えない。（それゆえ、この論証では、中絶は禁止すべきであるとは結論できない。）

異論を示すにせよ批判するにせよ、いずれにしても重要なのは、それ自体にも適切な根拠づけが必

要だということである。たとえば、ただ「AだからといってB必ずしもBであるとは言えない」と言うだけでは、その批判そのものの説得力が十分ではない。議論を実り豊かなものにするには、反論それ自体が適切な論証でなければならないのである。

さて、以上の説明では、今ひとつ異論と批判の違いがわからないという人もいるかもしれない。そこで、簡単に補足しておこう。先にも述べたように、異論には、相手の結論に対立する結論の論証が含まれている。それに対して、批判には、そのような結論の論証は含まれていない。批判はあくまでも相手の論証を否定しているだけであり、相手の結論を否定しているわけではないのである。批判の主旨は、相手の主張を論証の出発点に戻すことにある。相手の論証を批判するということは、別の論証によって相手の結論が正しく論証される可能性を何ら排除しないのである。

それゆえ、批判それ自体は、異論の十分な根拠にはならない。たとえば、先の例2の主張に対して、「中絶は殺人ではない。それゆえ、中絶は禁止すべきではない」と反論したとしよう。この反論の結論部分は、異論の形になっている。しかし、前提部分は、例2の主張の前提に対する批判に過ぎない。したがって、この前提部分を根拠とする限りでは、「中絶は禁止すべきである」という結論が別の論証によって正しく論証される可能性は何ら排除されない（中絶が殺人でないとしても中絶を禁止すべき別の根拠があるかもしれない）。これでは、中絶を禁止すべきでないということを積極的に根拠づけることにはならない。それゆえ、この反論の前提部分は「中絶は禁止すべきではない」という結論を導出する根拠としては不十分なのである。

もちろん、批判に加えてさらに異論を示すことはできるし、それが最も強力な反論である。しかし、以上のように、批判それ自体は異論の十分な根拠にならない。したがって、批判者は、必ずしも結論に関して相手と対立しているわけではない。批判者は、相手と同じ結論をより正しく論証しようとする協力者である場合や、自らの結論をより正しく論証しようとする自己批判者である場合もあるのである。

異論は逆に、相手の論証と直接は関係しないので、それ自体では、相手の論証に対する批判にならない。したがって、対立する相手と互いに異論を提示し合っているだけでは、議論は水掛け論に陥ってしまう（たとえば、互いに「中絶は禁止すべきである」「中絶を禁止すべきではない」と言い合うだけで、議論はいっこうに進まない）。議論をかみ合わせ、互いに納得のいく結論を導き出そうとするならば、相手の論証に踏み込む批判を行わなければならない。哲学的議論において重要な「反論」の可能性とは、批判の可能性のことなのである。日常的には、「反論」はしばしば「異論」と同一視されてしまい、批判が念頭に置かれることはあまりない。それゆえ、以下では、異論だけでなく批判が重要であるということを意識して本書を読み進めてほしい。

Q&A

（Q6）批判と異論の違いが今ひとつわからない。「Xであると結論できない」ということ（批判）

は、「Xでない」ということ（異論）と、どこが違うのか？

（A6）「（この論証では）Xであると結論できない」ということは、「Xではない（と結論できる）」ということと同じではない。これを理解するには、推理小説の中で、ある人が犯人だということがある証拠によって証明されたかどうかを問題にしている場面を念頭に置くとよいかもしれない。その証拠では十分に証明できないとしても、実はその人が犯人であるということはよくあることであるが、これはちょうど、この論証ではXであると結論できないが、実は別の論証を行えばXであると結論できる、というケースに相当する。もし「（この論証では）Xであると結論できない」ということが「Xでない（と結論できる）」ということと同じだとしたら、ある人が犯人であることがある証拠では十分に証明されないというだけで、その人は犯人でないと証明されたことになってしまう。しかし、それはおかしいだろう。

（Q7）批判をせずに、異論を示すだけだと水掛け論になってしまうと述べられたが、どうしてそう言えるのか？　異論と区別して批判をしているつもりでも、いつも最終的には水掛け論になってしまうように思われる。どこがまずいのだろうか？

（A7）互いに異論を示すだけだと結論はどこまで行っても一致しない。それゆえ水掛け論に陥ってしまうのだが、その根本原因は、結論だけでなく、前提に関しても互いの同意が得られていないという点にある。前提の部分で互いの同意が得られるならば、正しい導出を経て、互いに同意する結論を導くことができる。しかし、そもそも出発点である前提で同意が得られていないために、いつまでたっても結論で同意できないのである。

これに対して、批判ではどの前提が正しいのかが問題になる。それゆえ、互いに批判を重ねることによって、前提に関して同意を得ることが可能となる。そして、正しい導出を経ることによって、互いに納得できる結論を導き出すことができるようになる。批判によってはじめてわれわれは出発点を共有することができるのである。もちろん、前提の正しさを問題にするときには、そのさらなる前提の正しさが問題になり、さらにその前提も……というように遡る必要が生じるかもしれない。しかし、水掛け論に陥らないためには、どこかで出発点を共有することが必要不可欠なのである。

ここで、本書の主題である心の哲学に話を戻すと、先に触れた心の基本的特徴に関する常識心理学こそが、心の哲学の「出発点」にほかならない。もちろん、議論の展開によっては、出発点が修正される可能性はある。しかし、共有された出発点を定めなければ、われわれは第一歩を踏み出すことができない。それゆえ、次章以降の各章では、心の基本的特徴に関する常識心理学を出発点として、「心」とは何であるかを考えていくことにしよう。

第1章　心の因果性

心とは何か。それはどのような存在なのか。物理的な存在なのだろうか。それとも、非物理的な存在なのだろうか。序論で示したように、われわれは、心が持っているさまざまな基本的特徴に着目することによって、この問題について考える足掛かりを得ることができる。本章では、そのような基本的特徴の一つとして「因果性」を取り上げる。まずは、第1節で、「心の因果性」とは何のことかを説明することから始めよう。

1　心心因果と心物因果

われわれはしばしば、世界に生じるさまざまな現象について、「原因」と「結果」という概念を用

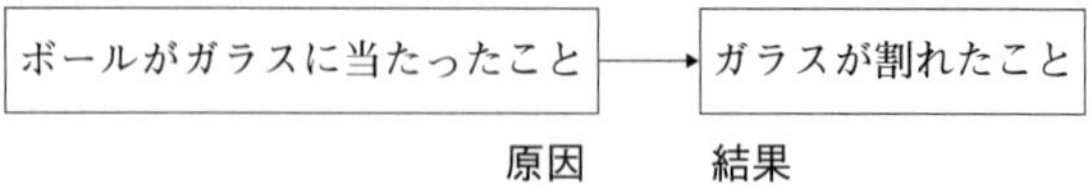

図1—1

いて説明したり理解したりする。たとえば、ボールがガラスに当たり、ガラスが割れたとしよう。このような場合、「なぜガラスは割れたのか」と問われれば、われわれはふつう、「ボールがガラスに当たったので、ガラスは割れたのだ」と言うだろう。つまり、**図1―1**に示すように、ボールがガラスに当たったのが原因で、ガラスが割れるという結果が生じたということである。ボールがガラスに当たったのが原因でガラスが割れたということは、そのときもしボールがガラスに当たらなかったらガラスは割れなかったということにほかならない。だからこそ、われわれは、このように原因に言及することによって、ある現象がなぜ生じたのかを説明したり理解したりすることができるのである。

このように、われわれは日常的に、さまざまな現象を説明するためにその原因に言及するということを行っている。あまり自覚していないかもしれないが、「因果関係」（つまり、「原因と結果の関係」）という概念は、われわれにとって、世界のさまざまな現象を理解するための基本概念なのである。

われわれは通常、以上のような因果関係が、心の状態同士の間や心の状態と物理的な状態の間にも成り立つと考える。たとえば、ある人がカレー屋に入ったとする。なぜこの人はカレー屋に入ったのだろうか。これに対して、カレーを食べたいと思ったからだと説明されたとしよう。これはつまり、カレーを食べたいという欲求が原因で、カレー屋に入るという身体運動が生じたとい

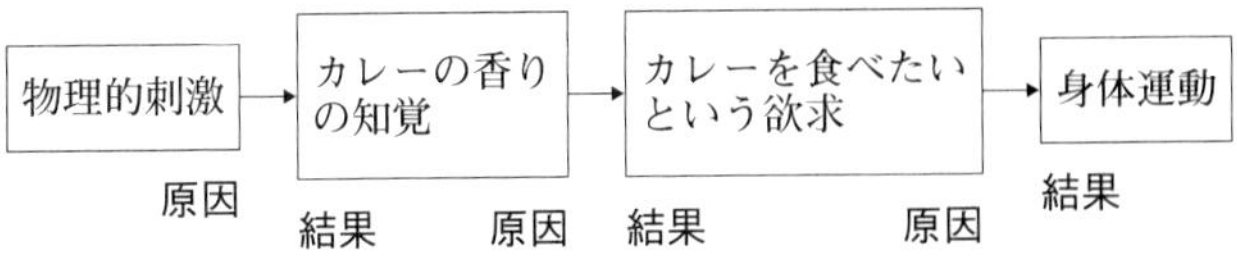

図1—2

うことである。身体運動とは、身体という物理的存在がある仕方で変化している状態のことであるから、この説明では、心の状態が原因で物理的状態が結果であるような因果関係の一例が挙げられていると言える。

それでは、なぜカレーを食べたいという欲求が生じたのだろうか。これに対しては、カレー屋の前を通ったときに、おいしそうなカレーの香りがしたからだと説明されたとしよう。これはつまり、カレーの香りの知覚が原因で、カレーを食べたいという欲求が生じたということである。これは、心の状態同士の間の因果関係の一例にほかならない。同様にして、カレーの香りの知覚が生じたのは、カレー屋からカレーの香りが漂ってきて、その人の嗅覚神経に物理的刺激が与えられた結果であると説明されたとする。これは、物理的状態が原因で心の状態が結果であるような因果関係の一例であると言えよう。以上の例をまとめると、心の状態に関して**図1—2**のような因果関係が成立していることになる。

このように、心の状態は一般に、他の心の状態や物理的状態と因果関係を形成すると考えられる。以下では、心の状態同士の因果関係を「心心因果」、心の状態と物理的状態の間の因果関係を「心物因果」と呼ぶことにしよう。心心因果や心物因果が成り立つということが「心の因果性」の意味するものにほかならない。心の因果性は、心が物理的な存在であるかどうかについて特に考えることなしに認めうるような心の基本的特徴であると言えるだろう。この心の因果性を足掛かりとして、心がどのような存在であるかを考えることはできないだろうか。次節から、その考察に入っていこう。

Q&A

（Q1）心物因果の例として、欲求が原因で身体運動が生じる例が挙げられていたが、反射的な行動や無意識の行動は、心の状態を原因として生じるわけではないように思われる。心物因果は本当に心の基本的特徴なのだろうか？

（A1）心物因果が心の基本的特徴であるということで言いたかったのは、心の状態が原因で身体運動が生じる場合があるということだけであり、どの身体運動も心の状態を原因とするということではない。だから、反射的な行動のように心の状態が原因でない身体運動もあるということは、何ら問題ではない。

他方、無意識の行動については、無意識の心の状態を原因としていると考える余地もあるだろう。たとえば、集中して本を読んでいたら、傍らに用意しておいたコーヒーを知らぬ間に飲んでいたというような場合、意識されていなかったとしても、コーヒーを飲みたいという欲求があったからこそ、コーヒーを飲むという無意識の行動が生じたと考えられないだろうか。このような場合には、心物因果が成立していると言える。

（Q2）たとえば、ふとカレーが食べたくなるという場合のように、何の原因もなしに生じる心の状態もあるように思われる。これは、因果性が心の基本的特徴であるということに反する事柄なのだろうか？

（A2）因果性が心の基本的特徴であると考える論者は、たいてい、どんな心の状態も他の心の状態か物理的状態を原因として生じると考える。したがって、何の原因もなしに生じる心の状態があるとしたら、因果性が心の基本的特徴であると考える論者の多くは誤っていることになる。しかし、本当に、何の原因もなしに生じる心の状態などあるのだろうか？　たとえば、ふとカレーを食べたくなるというような場合にも、カレーを連想するようなことを考えたり目にしたりしているのではないだろうか。あるいは、そのような心の状態が直接の原因でないにしても、引き金となる何らかの原因がない限り、なぜそのような欲求が生じたのかを納得のいく形で理解することはできないのではないだろうか。いかなる現象にも何らかの原因があるということ（これは「因果律」と呼ばれる）は、世界についてのわれわれの理解の根本を成しているように思われる。

2　二元論と心の因果性

心の因果性は二元論においてどのように理解されるのだろうか。まずは、心の因果性と二元論の関

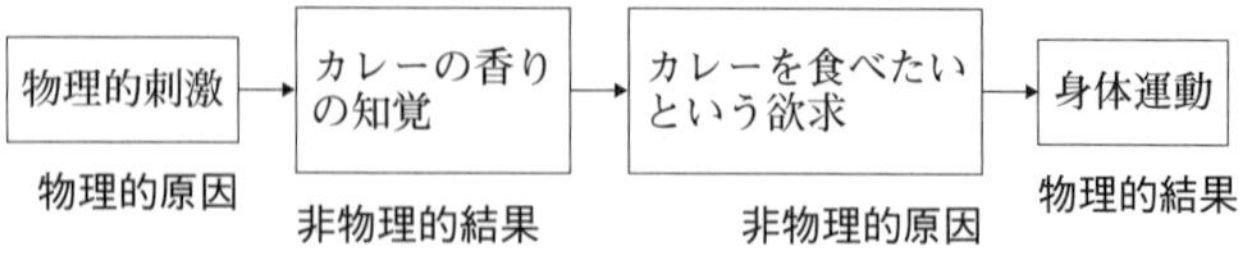

図1―3

係から見ていくことにしよう。

心物因果の問題

ここで特に注目したいのは、心物因果が二元論においてどのように理解できるかである。二元論によれば、心は非物理的な存在である。それゆえ、心物因果は、非物理的なものと物理的なものの間の因果関係ということになる（図1―3を参照）。

しかし、非物理的なものと物理的なものの間にいかにして因果関係が成り立ちうるのか。それは非常に神秘的である。なぜなら、非物理的なものと物理的なものの間の因果関係は、たとえば、目の前にあるコップを念力で動かすといったことで想定されているのとまったく同じ因果関係だからである。コップを手で動かすのならば、それは物理的なもの同士の間の因果関係であり、そこに何ら不可解な点はない。念力で何かを動かすことが神秘的で不可解であるのは、非物理的なものである念力が、コップのような物理的なものに直接はたらきかけてそれを動かすと考えられているからにほかならない。しかし、念力における因果関係が不可解であるとしたら、心物因果もまた不可解であることになってしまうのではないか。なぜなら、どちらの因果関係も、非物理的なものと物理的なものの因果関係であるという点では同じだからである（図1―4を参照）。

図1—4

したがって、二元論の下では、われわれは四六時中、念力を使っているのと同じことになってしまうように思われる。二元論においては、心物因果をどのように理解すれば、それを不可解でないものにすることができるのだろうか。この心物因果の問題は、二元論にとって非常に困難な問題であり、二元論を否定すべき強力な根拠と言える。

これに対しては、心の状態と身体運動の間に脳状態が介在し、身体運動の直接の原因となっていると考えれば、なぜ身体運動が生じたのかは理解可能になり、二元論の下でも心物因果は理解可能になるのではないかという疑問が生じるかもしれない。確かに、脳状態が身体運動の直接の原因として介在していれば、なぜ身体運動が生じたのかは理解可能になるだろう。実際のところ、多くの二元論者が、「心の状態→身体運動」という因果関係は正確には「心の状態→脳状態→身体運動」という因果関係であると考えてきた。しかし、今度は、「心の状態が直接の原因で、ある脳状態が生じる」という部分が問題になる。非物理的な心の状態はいかにして物理的な脳状態に変化を及ぼしうるのだろうか。このように、心の状態と身体運動の間に脳状態を介在させても、心物因果の不可解さは解消されないのである。

これに対してはさらに、二元論はそもそも心物因果の成立を否定してしまえばよいのではないか、という反論があるかもしれない。確かに、そうすれば、心物因果の問題が生じることもない。しかし、心物因果は、心の基本的特徴であり、そもそも心とは何かを考える上での一つの出発点になるものである。それゆえ少なくとも、二元論を擁護できるということ以外に、心物因果を否定するに十分な根拠を、別の出発点として提示しなければならない。それが為されていない限りは、否定されるべきは二元論であるように思われるのである。

Q&A

（Q３）二元論の下での心物因果は、念力による因果関係と同様に理解しがたいものであり、それゆえ二元論の妥当性を損う、と論じられていた。しかし、それとは逆に、心物因果の成立を根拠として、念力による因果関係の成立を論証することもできるのではないか？

（A３）実を言うと、そのような選択肢もないわけではない。第2節の議論を整理してみると次のようになる。

前提１：心物因果は成立する。
前提２（仮定）：二元論が正しい（心物因果は、非物理的なものと物理的なものの因果関係である）。
前提３：非物理的なものと物理的なものの因果関係は、念力による因果関係に等しい。
前提４：念力による因果関係は成立しない。

結論1（前提2・3から）：心物因果は念力による因果関係に等しい。
結論2（前提4と結論1から）：心物因果は成立しない。
結論3（前提1と結論2から）：心物因果は成立する、かつ成立しない。〈矛盾〉
結論4（前提2と結論3から）：前提2は誤った仮定である。二元論は誤り。

結論3で矛盾が生じているが、これは、結論3を導出するためにそれまでに用いられた前提1〜4の少なくとも一つに誤りがあるということである。以上では、結論3から最終的結論を引き出す際に前提2が否定されたが、選択肢そのものとしては、前提1・3・4のいずれかを否定することもできないわけではない。前提4を否定して矛盾を回避しようという選択肢が（Q3）の考えに相当する。

しかし、前提1・3・4と前提2は、前提としての身分が異なる。前提1・3・4は、われわれの基本的な共通理解であり、議論の出発点の役割を果たす。それゆえ、これらは簡単には否定できない。それに対して、前提2は、この議論において正しいかどうかが問題になっているテーゼそのものであり、この議論においては「仮定」として前提に加えられているに過ぎない（つまり、その正しさは何ら前提されていない）。それゆえ、前提2を否定するという最終的結論が出るのである。

コラム　背理法

（Q3）で示した議論のように、正しいかどうかが問題になっている主張をまず仮定として前提に加え、前提から矛盾が導き出されることに基づいて、その仮定を否定するという論証の方法を「背理法」あるいは「帰謬法」と呼ぶ。背理法は哲学の議論において頻繁に用いられる論証方法である。

実を言うと、われわれは日常的にも（あまり意識することなく）背理法に接している。たとえば、推理小説の中には、容疑者がアリバイを提示することで疑惑を免れるという場面がよく出てくるが、そこでも背理法が使われている。たとえば、容疑者が「昨日の夜、私は会社にいた。だから、私は犯人ではない」と主張したとしよう。これは、暗黙の前提を明示して次のように整理することができる。

前提1（背理法の仮定）：私は犯人である。
前提2：私が犯人ならば、昨夜、私は会社にいなかった。
前提3：昨夜、私は会社にいた。（アリバイ）
結論1（前提1・2から）：昨夜、私は会社にいなかった。
結論2（前提3と結論1から）：昨夜、私は会社にいた、かついなかった。〈矛盾〉
結論3（前提1と結論2から）：前提1は誤った仮定である。私は犯人ではない。

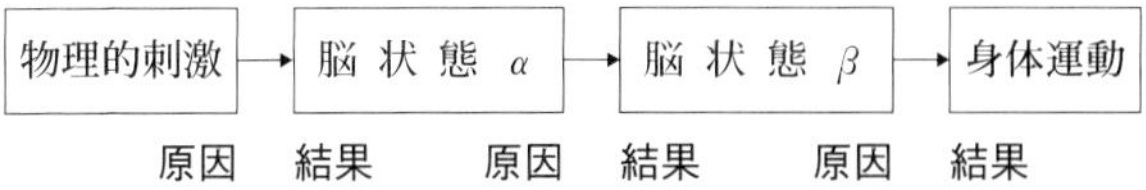

図1—5

もう一つの問題——二つの因果経路?

前節で見たように、二元論は、いかにすれば心物因果を不可解でないものにすることができるのかという問題に直面する。しかし、二元論は、仮に心物因果を理解可能なものにすることができたとしても、心物因果に関わる別の問題に直面することになる。ここでは、心物因果の先の例を使って、この「もう一つの問題」について説明しよう。

先の例では、ある人がカレー屋に入った原因は、カレーを食べたいという欲求であり、カレーを食べたいという欲求が生じた原因は、カレーの香りの知覚であると説明された。そして、カレーの香りの知覚が生じた原因は、嗅覚神経への物理的刺激であると説明された。しかし、その他方で、神経生理学の研究によれば、そのときなぜカレー屋に入るという身体運動が生じたのかは、心の状態に一切言及することなく、そのとき脳がどのような状態にあったかによって十分に説明できてしまうように思われる。なぜなら、身体運動は筋肉の収縮運動であり、筋肉の収縮運動は、脳が特定の刺激を筋肉に伝えることによって生じると説明できるからである。同じようにして、そのときなぜそのような脳状態にあったのかも、その原因として別の脳状態に言及することによって十分に説明できてしまうように思われる。そして、それらの脳状態が成立した最終的な原因としては、嗅覚神経への物理的刺激を挙げることができるように

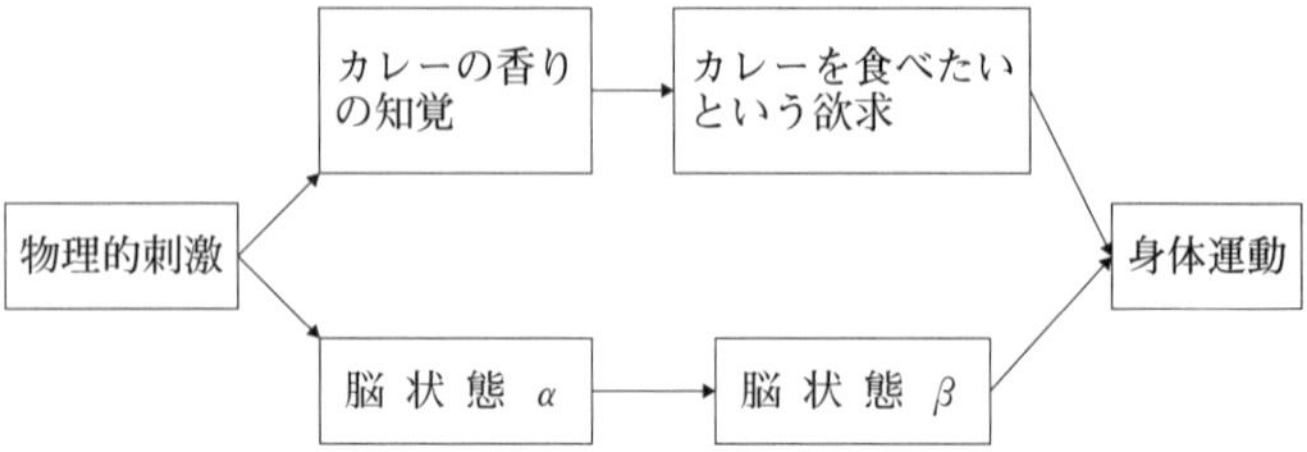

図1—6

思われる。つまり、**図1—5**のような、心が一切関与しない物理的状態の間だけの因果関係が成立すると考えられるのである。

これはどういうことだろうか。二元論によると、カレーを食べたいという欲求や、カレーの香りの知覚は、**図1—5**の脳状態αや脳状態βとは別の状態である。それゆえ、二元論の下では、**図1—6**のように、嗅覚神経への物理的刺激から身体運動までの間に、二つの独立した因果経路があるということになるように思われる。

しかし、二つの独立した因果経路があるなどということは理解可能なことなのだろうか。本当の因果経路は一つに過ぎないのではないだろうか。もしそうであるとすると、心物因果と神経生理学的因果のいずれかは、実際には成立していなかったと考えるほかないように思われる。だが、それを容易に認めることはできないだろう。心物因果の成立は、心の基本的特徴であり、容易に否定することができない。他方で、近年の神経生理学の成果を見れば、その神経生理学的因果も容易には否定できない。いずれを否定するにしても、二元論は大きな困難に直面すると言わざるをえないように思われるのである。

Q&A

（Q４）なぜ心物因果か神経生理学的因果のいずれか一方を否定しなければならないのか？　カレー屋に入るという身体運動は、二人が力を合わせて岩を動かすときのように、カレーを食べたいという欲求と脳状態βの組み合わせを原因として生じたと考えることはできないのか？

（A４）先の議論で考えられた状況と、二人で力を合わせて岩を動かすような状況はあくまでも別である。二人が力を合わせて岩を動かすという場合には、岩が動いた原因は二つの力の組み合わせであると考えられる。それに対して、心物因果における心の状態と神経生理学的因果における脳状態はどちらも、単独で十分な原因となっていると考えられている。われわれは、身体運動の原因として心の状態に言及するときに、その心の状態が、それとは別の脳状態と力を合わせて身体運動を引き起こしているとは考えないし、神経生理学においても、脳状態が、それとは別の心の状態と力を合わせて身体運動を引き起こしているとは考えられていない（神経生理学の教科書に、神経や脳の状態とは別のものとして心の状態なるものは出てこないだろう）。それゆえ、このケースでは、二つの独立した因果経路があると考えられるのである。

（Q５）神経生理学によれば、心の状態に一切言及することなく身体運動を説明できるということだったが、これは、その身体運動も結局は、単なる反射行動と同じであるということか？

（A5）心の状態に言及することなく神経生理学的に身体運動を説明できるということは、その身体運動が単なる反射行動であるということを意味するわけではない。たとえば、カレー屋に入るという身体運動は、通常は、「心の状態を原因として生じた」と説明されるような身体運動であり、その点で、もともと「心の状態を原因として生じた」と説明されることのない反射行動とはあくまでも別のタイプの身体運動であると考えられる。ポイントは、そのように通常は心の状態に言及することによって説明される身体運動であっても、他方で、神経生理学的に説明しようとすれば、心の状態に言及する必要がまったくなくなってしまうということである。

3　心脳同一説

それでは、物的一元論は心の因果性とどのような関係にあるのだろうか。以下では、この点について見ていくことにしよう。

心の状態と脳状態には密接な関係があるように思われる。それはたとえば、ある特定のタイプの感覚を持つときには、つねに脳のある部位が興奮状態にあるといった相関関係である。このような特定のタイプの脳状態との相関関係は、その他のあらゆるタイプの心の状態についても成立すると考えられないだろうか。

これに対しては、次のような反論があるかもしれない。先に、心心因果の例として、カレーの香りの知覚が原因で、カレーを食べたいという欲求が生じるという因果関係が挙げられたが、実際には、カレーの香りを知覚したからといって、カレーを食べたいという欲求が生じるとは限らない。このように、心の状態では、心の状態Aが生じれば必ず心の状態Bも生じる、というような関係は成立しないように思われる。それに対して、脳状態の方は、脳状態αが生じれば必ず脳状態βも生じるという関係が成立するとしたらどうだろうか。心の状態Aと脳状態αの間に相関関係が成立するとしても、脳状態βが生じるときには心の状態Bは生じたり生じなかったりすることになり、両者の間に相関関係は成立しないことになる。このように、心の状態と脳状態の間には必ずしも相関関係が成立するわけではないのではないだろうか。

確かに、カレーの香りを知覚したからといって、カレーを食べたいという欲求が生じるとは限らない。その点で、先の例は事柄を単純化しすぎていた。しかし、だからといって、心の状態と脳状態の間に相関関係が成立しないということになるわけではない。以下でそれを説明しよう。

まず、人がカレーの香りを知覚したときに、カレーを食べたいという欲求が生じる場合と生じない場合があるのはなぜかを考えよう。それは、そのときに成立している他の心の状態が異なるからではないだろうか。たとえば、そのときに、その人が何も食べたくないという欲求を持っていたとしたら、カレーの香りを知覚しても、カレーを食べたいという欲求は生じないだろう。逆に、その人が大のカレー好きで、ちょうどそのときに何かを食べたいという欲求を持っていたとしたら、カレーを食べたいという欲求が生じるのはもっともだろう。もちろん、それらに加えて、他にどのような心の状態が

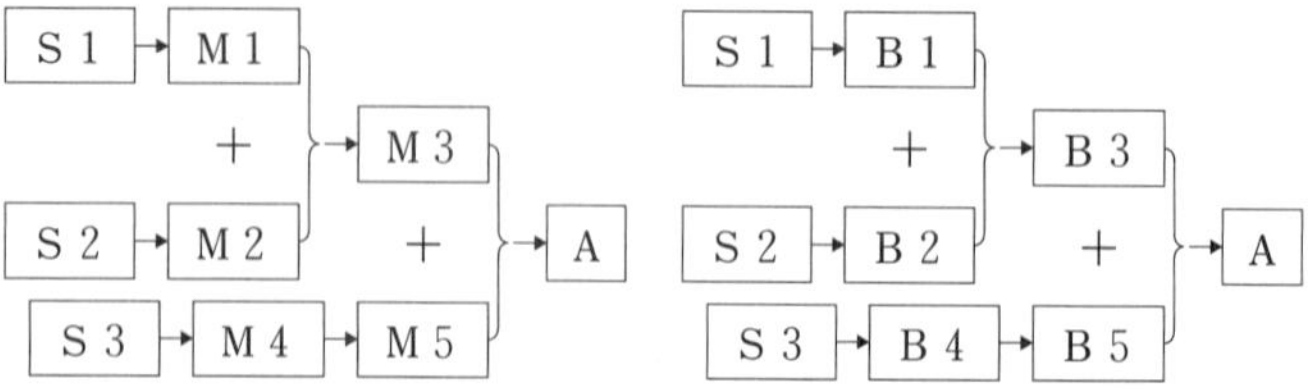

S：物理的刺激　M：心の状態　B：脳状態　A：身体運動

図1—7

成立しているかによっても話は変わってくる。このように、あるタイプの心の状態を原因としてどのようなタイプの心の状態が生じるかは、その他にどのようなタイプの心の状態が成立しているかによって決まると言えるように思われる。

そして、この点は、脳状態についても同じではないだろうか。先の例では、脳状態αが原因で脳状態βが生じると述べたが、これも、他にどのような脳状態が成立しているかによって話は変わってくるだろう。あるタイプの脳状態を原因としてどのようなタイプの脳状態が生じるかは、その他にどのようなタイプの脳状態が成立しているかによって決まると考えられるのである。

このように、心物因果も神経生理学的因果も、実際には先の例で示したものよりも複雑になるという点で同じであると考えられる。そうだとすると、結局のところ、それぞれの複雑な因果関係の中に位置する心の状態と脳状態の間にも、**図1—7**に示すような一対一の相関関係が見出されると期待できるのではないだろうか。

もちろん、あらゆるタイプの心の状態について、実際にそのような相関関係が成立するのかどうかは、神経生理学によって明らかにされるべきことである。しかし、そのような相関関係が成立するとすれば、それは、「心脳同一説」と呼ばれる次のような立場が正しいことを示唆するように思われる。

心脳同一説のテーゼ：各タイプの心の状態は特定のタイプの脳状態と同一である。

心脳同一説によれば、たとえば、カレーの香りの知覚はどれもαというタイプの脳状態にほかならず、カレーを食べたいという欲求はどれもβというタイプの脳状態にほかならないということになる。

もちろん、各タイプの心の状態と各タイプの脳状態が相関関係にあるというだけでは、両者が同一であるとは言えない。それは単に、異なる二つのものがつねに相伴って生じているということに過ぎないかもしれないからである。しかし、以上のような心脳同一説のテーゼを支持する別の論点がある。それは、心脳同一説の下では、二元論が直面したような心物因果に関わる問題が生じないという点である。

まず、二つの因果経路の問題から見てみよう。二元論の下では、心物因果と神経生理学的因果のいずれかを否定しなければならないという困難が生じた。しかし、二元論を否定し、心脳同一説を採るならば、そのような困難は生じない。たとえば、先の例で言えば、カレーの香りの知覚は脳状態αと同一であり、カレーを食べたいという欲求は脳状態βと同一であることになる。このように考えれば、嗅覚神経への物理的刺激から身体運動までの因果経路は一つになる。つまり、**図1―8**に示すように、

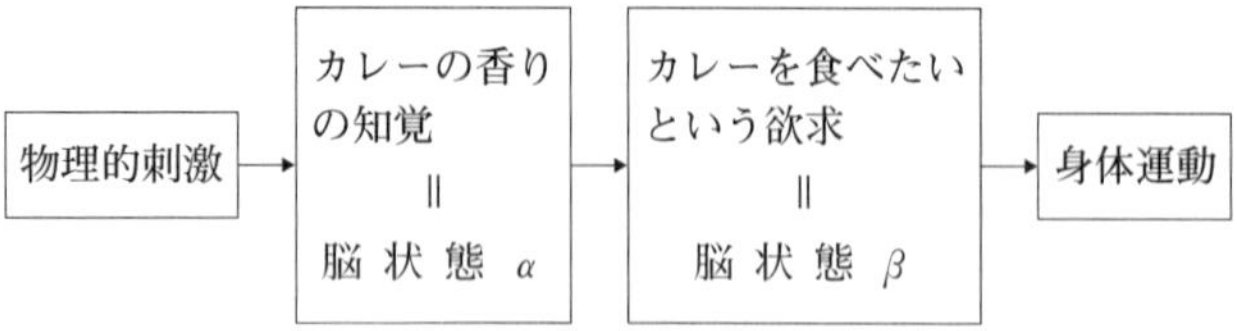

図1—8

心物因果と神経生理学的因果は異なる二つの因果経路ではなく、同じ一つの因果経路だったということになるである（**図1—8**では、先の例の通り、因果関係を単純化して描いている）。このように考えれば、二元論が直面した問題は生じない。二元論の問題は、心の状態と脳状態が異なる二つのものであると考えた点にあったのである。

さらに、心脳同一説では心物因果の不可解さの問題も生じない。それは、心脳同一説が、心を物理的存在とみなす物的一元論の一つだからである。心脳同一説によれば、心は脳という物理的存在にほかならない。したがって、心物因果は、非物理的なものと物理的なものの間の因果関係ではなく、物理的なもの同士の間の因果関係であることになる。心物因果は、ボールがガラスに当たったのが原因でガラスが割れた、というのと同じ種類の因果関係であることになり、それゆえ、そこには何ら不可解な点がないことになるのである。

このように、物的一元論の一つである心脳同一説を採れば、二元論が直面した問題は生じない。少なくともこの限りで、心脳同一説が言うように、各タイプの心の状態は特定のタイプの脳状態と同一だと考えるのがもっともであるように思われる。

Q&A

（Q6）誰だって同じような脳を持っているのだから、心脳同一説では、誰もがつねに同じ心の状態にあることになってしまうのではないか？

（A6）そのようなことはない。「脳状態」ということで念頭に置いているのは、たとえば、脳のある部分が興奮しているというような状態である。脳状態は、このように、脳の興奮している場所で区別される場合もあるだろうし、同じ場所でも興奮の度合いによって区別される場合もあるだろう。それゆえ、誰もがつねに同じ脳状態にあるとは考えられない。心脳同一説によれば、むしろ人々は、このように異なる脳状態にあるからこそ、異なる心の状態にあるということになるのである。

（Q7）どう考えても心の状態が脳状態と同一であるとは思えない。そもそも、それらが同一であるとしたら、もともとそれらは同じ一つのものなのだから、それははじめから明らかなはずである。そうだとしたら、はじめから二元論のような考え方はできないことになってしまうではないか？

（A7）同一だからといって、はじめから明らかだとは言えない。もしそう言えるとしたら、われわれが同一性を発見するということがありえないことになってしまう。しかし、歴史は、われわれがそのような発見を積み重ねてきたことを物語っている。たとえば、かつて、明けの明星と宵の明星は異なる星であると考えられていたが、それは同一の星であることが発見された。心脳同一説によれば、心と脳の関係もそれと同じなのである。

コラム　ア・プリオリとア・ポステリオリ

心と脳の同一性や明けの明星と宵の明星の同一性は、その認識の正しさを正当化（証明）するために世界を探究する必要がある。それに対して、独身であることと結婚していないことが同一であるということは、「独身」や「結婚」といった言葉の意味や概念さえ知っていれば、世界を探究する（たとえば、独身者がすべて結婚していないかどうかを確かめる）までもなく正当化できる。このように、同一性は、その認識の正しさを正当化するのに世界を探究する必要があるかどうかによって区別される。世界の探究を必要とする同一性は「ア・ポステリオリな同一性」と呼ばれ、必要としない同一性は「ア・プリオリな同一性」と呼ばれる。

なお、ア・プリオリとア・ポステリオリの区別は、同一性以外のさまざまな事柄にも当てはまる。たとえば、A型が日本人に最も多い血液型であるという事実はア・ポステリオリに認識される事実であるのに対して、どの日本人もA型であるかA型でないかのどちらかであるという事実はア・プリオリに認識される事実である。

（Q8）心脳同一説によれば、心など存在しないということになってしまうのではないか？　なぜなら、存在するのは結局、脳状態だということになるのだから。
（A8）もしそうだとしたら、明けの明星と宵の明星が同一であるということは、それらのどちらかが存在しないことを意味することになってしまう。しかし、もちろん、そのようなことはない。明けの明星と宵の明星は同じ一つの星として存在するのである。それと同様に、心と脳が同一だからといって、心が存在しないことになるわけではない。もちろん、脳状態とは別の存在としての心は存在しない。しかし、それは心が存在しないということとは別である。心脳同一説では、心はあくまでも脳と同一のものとして存在するのである。

4　機能主義

さて、以上の議論を見る限りでは、心脳同一説が正しいと考えるのがもっともであるように思われる。しかし、実際には、以上の議論に対する反論がないわけではない。しかも、その中には物的一元論の内部からの反論も含まれる。ここでは、その反論を紹介しよう。

心脳同一説によれば、各タイプの心の状態は特定のタイプの脳状態と同一である。そこで、たとえば、痛みの感覚は、C繊維という神経細胞が興奮しているというタイプの脳状態と同一だとしよう。

ここで、ある人のC繊維を脳から取り除き、その代わりに、C繊維とまったく同じように刺激を伝達するシリコンチップでできた人工繊維を移植する手術が行われたとする。人工繊維はC繊維と同じように刺激を伝達するので、たとえばその人の指に針を刺せば、人工繊維はC繊維と同じように興奮し、その人は「痛い！」と叫んだり、指に刺さった針を抜き取ろうとしたりする。したがって、一見する限り、その人はそのときに痛みの感覚を持っているように思われる。

しかし、心脳同一説によれば、その人は痛みの感覚を持っているとは言えない。なぜなら、脳状態のタイプはその脳がどのような素材でできているかによっても区別されるので、人工繊維の興奮は、痛みの感覚と同一視されるC繊維の興奮とは別のタイプの脳状態であることになるからである。

同じように、その人の脳の神経細胞をすべて、同じはたらきをするシリコンチップに置き換えていったとしよう。心脳同一説において各タイプの心の状態と同一視される各タイプの脳状態がすべて細胞でできた脳の状態だとしたら、その人は心の状態を一切持ちえないということになる。それは、人工素材でできた脳の状態はすべて、細胞でできた脳の状態と脳状態として同じタイプのものではないからである。

しかし、これはあまりに排他的な見方ではないだろうか。シリコンチップは、通常の神経細胞と同じように刺激を伝達する。それゆえ、人工の脳を持つ人も、さまざまな物理的刺激に対して、ふつうの人と同じように適切に行動することができる。つまり、一見する限り、ふつうの人と同じようにさまざまな心の状態を持っているように思われるのである。それにもかかわらず、脳が人工素材でできているというだけの理由で、その人は心の状態を一切持っていないと考えるのは不適切ではないだろうか。たとえ人工素材でできているとしても、適切なはたらきをするさまざまな脳状態が成立しているのならば、さまざまな心の状態が成立していると考えるべきではないだろうか。

以上のように、心脳同一説はあまりに排他的である点で妥当な立場ではないように思われる。そして、このような心脳同一説の問題点からは、次のような考え方が浮かび上がってくるように思われる。すなわち、各タイプの心の状態にとって本質的なのは、それがどのような因果的役割を果たすか、つまりそれがどのような原因によって引き起こされ、どのような結果を引き起こすかである、という考え方である。因果的役割はしばしば「機能」と言い換えられる。それゆえ、このような考え方は「機能主義」と呼ばれる。機能主義の立場は、次のようなテーゼで言い表される。

機能主義のテーゼ：各タイプの心の状態は、特定の機能で定義される状態である。

以下では、特定の機能で定義される状態を「機能的状態」と呼ぶことにしよう。機能主義によれば、たとえば、痛みの感覚とは、指に針を刺すといった物理的刺激によって引き起こされ、「痛い！」という発話行動や痛みの原因を取り除こうとする行動を引き起こす、というような機能で定義される機能的状態である。また、カレーの香りの知覚とは、カレーから嗅覚神経への物理的刺激によって引き起こされ、カレーを好ましく思う感情と、何かを食べたいという欲求とともに、カレーを食べたいという欲求を引き起こす、というような機能で定義される機能的状態なのである。

機能的状態は一般に、さまざまなタイプの物理的状態によって実現可能である。たとえば、心臓の

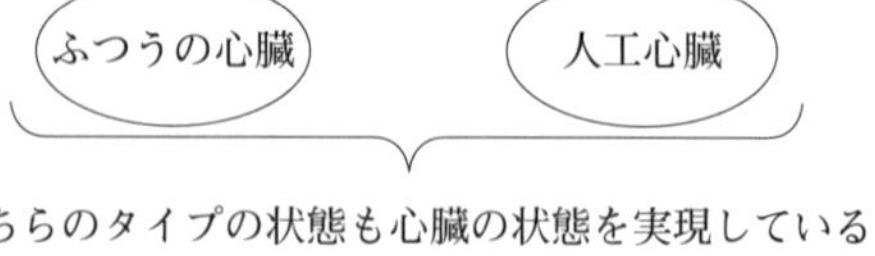
ふつうの心臓
人工心臓
どちらのタイプの状態も心臓の状態を実現している

図1—9

A
B
C繊維の興奮
人工繊維の興奮
どちらのタイプの脳状態も痛みの感覚を実現している

図1—10

状態は、体内に血液を循環させるという機能で定義される機能的状態として理解できるが、それは、どのような素材でできていても、その機能を果たすものであれば実現可能である（**図1—9**を参照）。このように、同一の機能的状態がさまざまなタイプの物理的状態によって実現可能であることを「多型実現可能性」もしくは「多重実現可能性」と呼ぶ。

　特定の機能的状態として定義される各タイプの心の状態も多型実現可能である。たとえ人工素材でできた脳の状態であっても、それが適切な機能を果たす脳状態であれば、その機能で定義される心の状態を実現していると言えるのである。したがって、機能主義によれば、シリコンチップでできた脳を持つロボットであっても、その脳状態が適切な機能を果たしさえすれば心を持っていることになる。ある脳が心を実現しているかどうかにとって本質的なのは、その脳が、それぞれの心の状態を定義する機能を果たすような状態にあるかどうかであって、それがどのような素材でできているかではないのである（**図1—10**を参照）。

以上のように、機能主義では、特定のタイプの心の状態と特定のタイプの脳状態の間の同一性は成り立たない。しかし、個々の心の状態はどれも、何らかのタイプの脳状態によって実現されていると言うことはできる。それゆえ、機能主義においても、物理的刺激から身体運動までの因果経路は一つになり、また、心物因果は物理的なもの同士の間の因果関係として理解されるので、二元論が直面したような心物因果に関わる問題は生じない。これは、心物因果に基づく心脳同一説の論証が決定的なものではなかったということを物語っている。心脳同一説を選択すれば、心物因果に関わる問題は解消することができた。これは、確かに、心脳同一説を支持する強い理由になるだろう。しかし、心物因果に関わる問題を解消するために、とりわけ心脳同一説を選択する必要はなかったのである。

Q&A

（Q9）心脳同一説では、人工素材でできた脳状態は、細胞でできた脳状態とは異なるタイプの脳状態であるがゆえに、人工素材でできた脳を持つ主体は一切心を持たないことになってしまうということだったが、動物の脳状態と人間の脳状態は異なるタイプの脳状態であるのか？　もしそうだとしたら、心脳同一説では、動物も心を一切持たないということになってしまうのか？

（A9）動物の脳と人間の脳は、どちらも細胞でできているという点では同じであるが、具体的にどのような構造を持っているかという点から見ると、同じタイプの状態が成立しうるものとして理解することはできないかもしれない（この点は、動物の脳の研究を調べてみないとわからない）。もし同じタイプの脳状態が成立しているとは認められないとすると、心脳同一説の下では、人間以外の動物にも一切心がないということになってしまう。

（Q10）［（A9）に対して］心脳同一説であっても、人間以外の動物には一切心がない、とまで言う必要はないのではないか？　動物の脳状態が人間の脳状態と異なるタイプの脳状態であるのならば、動物には人間の心の状態とは異なるタイプの心の状態が成立していると考えればよいように思われる。たとえば、人間のC繊維に相当する犬の神経細胞がδ繊維だとしても、人間には「人間の痛みの感覚」があり、犬には「犬の痛みの感覚」があると考えればよいのではないか？

（A10）一見すると、そのように考えれば、心の状態の各タイプと脳状態の各タイプの一対一対応を確保したまま、動物の心も認めることができるように思われる。しかし、人間の痛みの感覚も犬の痛みの感覚も同じ痛みの感覚として理解できる以上は、脳状態のタイプ分けと一対一に対応しないような心の状態のタイプ分けがあるということになる。このようにタイプ分けされる心の状態は、特定のタイプの脳状態と同一視することはできないものであり、その限りで、心脳同一説は妥当でないと言えよう。そして、この心の状態のタイプ分けは、まさにそれがどのような機能を果たすかによって決まるようなタイプ分けなのではないだろうか。

（Q11）確かに、ある人の脳の神経細胞をすべてシリコンチップに置き換えても、その人は心を持ち続けているように思われるが、だからといって、シリコンチップでできた脳を持つロボットが心を持ちうることにはならないと思う。脳状態が心の状態を実現していると言えるためには、その脳状態が単に特定の因果的役割を果たしているだけでなく、生命維持の役割を果たしているのでもなければならないのではないだろうか？　ロボットは生命を持たないので、ロボットの脳状態は生命維持の役割は果たさない。だから、ロボットは心を持ちえないように思う。

（A11）なるほど。確かに、心にとって生命が本質的であると考える立場からは、このような反論があるかもしれない。果たして、どちらの考えの方がもっともなのだろうか。ここでそれを詳細に検討することはできないが、第3章第4節でこれに関連する問題を扱っているので、そちらを参照してほしい。

まとめと問題

まとめ

心の因果性という観点から考える限りでは、心物因果を非物理的なものと物理的なものの間の因果関係として理解する二元論は不適切な立場であるように思われる。それに対して、心脳同一説などの物的一元論では、心物因果は、物理的なもの同士の間の因果関係として理解することができ、問題が生じない。それゆえ、軍配は物的一元論の方に上がるように思われる。その中でも、機能主義は、心の因果性（機能）に心の本質を見出す立場であり、心の因果性という観点から考える限りでは、最も適切な立場であるように思われる。

しかし、物的一元論、その中でもとりわけ機能主義は、心のその他の基本的特徴に関しても最も適切な立場であると考えられるのだろうか。物的一元論にとって問題になるような心の基本的特徴はないのだろうか。次章では、この点に着目して、「意識」という特徴を取り上げることにしよう。

問題

(1) 二元論は心物因果に関して二つの問題に直面するという考えに対して、その「二つの問題」がどのような問題であるかを説明した上で、二元論の立場からの反論を考えよ（それらの問題はそもそも「問題」ではないという主旨の反論でもよい）。

(2) 心脳同一説や機能主義といった物的一元論では、(1)の二つの問題は生じないと考えられる。それはなぜかを説明せよ。

(3) 心脳同一説と機能主義のどちらの方がもっともであると考えられるか。自分の考えを根拠とともに示せ。

(4) 背理法を使った論証の具体例を考えよ。

(5) ア・プリオリに認識される事実とア・ポステリオリに認識される事実の具体例をそれぞれ考えよ。

第2章　心と意識

心の基本的特徴の中には、物的一元論にとって問題となるように思われるものもある。それは「意識」である。意識はなぜ物的一元論にとって問題となるように思われるのだろうか。そして、それは物的一元論にとって解決できないような問題なのだろうか。本章では、この問題について考えることにしよう。

1　現象的意識とクオリア

はじめに、物的一元論にとって問題になる「意識」とは何のことであるのかを明らかにしよう。それには、「意識的な心の状態」と言うときの「意識」に少なくとも次の二つの意味があるということを確認する必要がある。

まず、「反省的な意識」とでも呼べるような意識がある。たとえば、私が買い物をしたいと思って店に入ったところ、たまたま、買い物を済ませた友人と会い、おしゃべりをしながら店を出てきてしまったとする。そしてそこで、そういえば自分は買い物をしたかったんだと思い直して、店へと戻るとしよう。このとき、買い物をしたいという私の欲求は非意識的な心の状態から意識的な心の状態になったと言うことができるだろう。このような意味での「意識」が反省的な意識である。「反省」という語には、日常的に、反省の対象に否定的な評価を与えるイメージがあるかもしれない（たとえば、「反省会」という言葉にはそういうイメージが伴うことが多いように思われる）。しかし、ここでの「反省」は、以上のように、当の心の状態そのものについて考えるという意味を持つに過ぎない。

この「反省的な意識」という意味で「意識」を理解する場合、非意識的な心の状態には、精神分析学で言う「無意識の欲求」のように、特殊な治療を受けないと意識に上りえないような心の状態だけでなく、たとえば、地球は丸いという信念のように、ふだんは意識に上ることがほとんどないが、それが問題になったときにはいつでも容易に意識に上りうるような心の状態も含められる。つまり、「反省的な意識」という意味で意識的な心の状態には、現に意識に上っている心の状態のみが含まれ、意識に容易に上りうるが現に意識に上ってはいないような心の状態は含まれないのである。

他方、必ずしも「反省的な意識」という意味で意識的なわけではないが、別の意味で「意識的」と言える心の状態もあるように思われる。たとえば、私が音楽鑑賞をしているとしよう。このとき、私は音楽に夢中になっていて、それを知覚しているという自分の心の状態そのものについては改めて考えていないとする。つまり、この私の知覚は「反省的な意識」という意味では意識的な心の状態になっていないとする。しかし、この私の知覚は、別の意味では「意識的」と言えるように思われる。それは、この知覚体験において、音色や音の強弱など音楽のさまざまな質的な特徴が私の意識に現れてきている、という意味での「意識」である。

さまざまな質的特徴が意識に現れるということは、聴覚だけでなく、その他の知覚や感覚においても生じる。たとえば、さまざまなものごとを見たり、写真や絵画を鑑賞したりするときには、さまざまな色彩や形が意識に現れてくる。あるいは、ざらざらしたものを触るときには、ざらざらした感覚が意識に現れてくる。チョコレートを食べるときには、チョコレート独特の甘味が意識に現れてくるし、カレーの匂いをかぐときには、カレー独特の香りが意識に現れてくる。また、鋭い痛みを感じるとき、鈍い痛みとは異なる独特の痛みの質が意識に現れてくる。このように、われわれが何かを知覚したり感覚したりするとき、それらの知覚や感覚に特有の質的特徴がわれわれの意識に現れてくる。意識に現れるこれらの質的特徴は、しばしば「クオリア」と呼ばれる。

「反省的意識」という意味で意識的な心の状態にある場合には、必ずしもその心の状態に特有のクオリアが意識に現れるということはないように思われる。たとえば、地球は丸いという信念が「反省的意識」という意味で意識的になっているとしよう。このとき、その信念に特有のクオリアが意識に現れている必要はあるだろうか。もちろん、地球のイメージを思い浮かべながら、その意識的信念を抱いている場合には、丸のクオリアや青のクオリアが意識に現れるだろう。しかし、地球は丸いという意識的信念を抱くときにつねに地球のイメージを思い浮かべる必要はない。これは、カレーを食べたいといった欲求の場合でも同じである。この欲求が「反省的意識」という意味で意識的になっているときに、カレーの香りをイメージしている必要はない。自分がこの欲求を持っているということが思考されていれば十分である。このように、意識へのクオリアの現れは、反省的な意識にとって本質的ではないように思われる。それゆえ、心の状態に特有のクオリアが意識に現れるという意味での意識を、「反省的意識」と区別し、「現象的意識」と呼ぶことにしよう。また、「現象的意識」という意味で意識的な心の状態のことを「現象的状態」と呼ぶことにする。

さて、以上の現象的意識こそが、物的一元論にとって問題となる「意識」にほかならない。そこで、以下では、物的一元論にとっての意識の問題を「クオリア問題」と呼ぶことにしよう。それでは、クオリア問題とはどのような問題なのだろうか。現象的意識はなぜ物的一元論にとって問題となるのだろうか。

Q&A

(Q1) クオリアは知覚や感覚に特有のものとされていたが、喜びや悲しみといった感情においても、それ特有のクオリアが意識に現れてくるのではないだろうか？

（A1）多くの論者は、クオリアを典型的には知覚や感覚において意識に現れるものとして理解しているが、（Q1）のように、感情などにおいても特有のクオリアが意識に現れると考える論者もいる。たとえば、喜びには喜び特有の質的特徴が意識に現れ、悲しみには悲しみ特有の質的特徴が意識に現れるということである。

しかし、これに対しては、それらの「感情に特有のクオリア」とは、たとえばムカムカする感覚のような身体感覚において意識に現れるクオリアであり、実は痛みや痒さのクオリアと同じ種類のものに過ぎない、という反論もある。この考えによれば、「感情に特有のクオリア」とは、感情に伴って生じる別の心の状態である感覚のクオリアに過ぎないということになる。

（Q2）赤いリンゴのイメージを思い浮かべるときには、リンゴの赤さや形が意識に現れるように思われる。これらもクオリアと考えてよいのだろうか？

（A2）先にも触れたが、イメージを思い浮かべるときにも、それ特有のクオリアが意識に現れると言ってよいかもしれない。イメージの体験は、しばしば知覚・感覚体験と類比的に理解されるが、それはまさに、それが「クオリアの意識への現れ」という特徴を持っているように思われるからではないだろうか。

2　クオリア問題

本節では、クオリア問題とは何かを説明する。しかし、このクオリア問題は必ずしもわかりやすいものではない。その一因は、われわれがクオリアについて考えることはふだんはあまりないという点にある。そこで、本題に入る前に、クオリアについて考えるための準備運動をしておこう。

クオリアの個人差

まず、次のようなごく当たり前の事実を確認しておきたい。それは、同じものを知覚していても、各個人の意識には、異なるタイプのクオリアが現れているように思われることがあるということである。

たとえば、同じ料理を食べているのに、一方は「塩味が濃い」と言い、他方は「塩味が薄い」と言う、というような場合には、二人の意識に異なるタイプの味のクオリアが現れているのではないかと思われる。あるいは、同じものを見ているのに、一方は「紫色をしている」と言い、他方は「ピンク色をしている」と言う、という場合のように、二人の意識に異なるタイプの色のクオリアが現れているのではないかと思われることもある。

もちろん、単に同じクオリアを異なる名前で呼んでいるだけだという場合もあるだろう。しかし、意識に現れるクオリアそのものが微妙に違うという場合も考えられないわけではないように思われる。極端な場合としては、色覚異常や味覚異常の障害を持つ人が挙げられる。たとえば、ある種の色覚異常を持つ人は赤と緑を識別することが困難であると言われる。たとえ同じものを見ているとしても、そのような色覚異常のある人の意識とない人の意識には、異なるタイプの色のクオリアが現れているのではないだろうか。そして、もしそれが認められるのならば、異常のない人々の間でもクオリアに微妙な個人差が生じる場合があるということも十分に認められるのではないだろうか。

さて、以上のようなクオリアの個人差は、物的一元論によってどのように説明されるのだろうか。ここでは、「主体の物理的状態」ということで、その主体の脳を含めた身体全体の物理的状態を意味することにする。まず、以下の点を確認しておこう。二人の主体が同一タイプの物理的状態にあるならば、両者は同一タイプの脳状態にある。したがって、心脳同一説では、両者は同一タイプの心の状態にあることになる。また、同一タイプの脳状態にあるならばそれらが実現する機能的状態も同一タイプであると考えられるので、機能主義であっても、両者は同一タイプの心の状態にあることになる。あるいは、脳以外の身体部分を心と同一視する立場であっても、二人の主体が同一タイプの物理的状態にあるならば、その身体部分も同一タイプの物理的状態にあることになるので、両者は同一タイプの心の状態にあることになる。心を何らかの物理的存在と認める物的一元論はたいてい以上のいずれかの立場をとると考えられるので、物的一元論においては一般に、仮に二人の主体が同一タイプの物理的状態にあるとすれば、その二人は同一タイプの心の状態にあることになる、と言うことができるように思われる。

ところで、意識にどのようなタイプのクオリアが現れるかは、知覚や感覚のタイプを決める要素の一つであると言えるだろう。したがって、物的一元論によれば、異なるクオリアが二人の主体の意識に現れているとしたら、両者は異なるタイプの心の状態にあり、それゆえ、異なるタイプの物理的状態にあるはずである。なぜなら、以上で見たように、物的一元論の下では、同一タイプの物理的状態にあるならば、同一タイプの心の状態にあるはずだからである。実際、日常的に、われわれが以上のようなクオリアの個人差を認識できるのは、それらの主体の物理的状態に何らかの違いを見出しているからであると考えられる。たとえば、味のクオリアの場合、両者は異なる発言や異なる行動を示しているからこそ、われわれは両者の味のクオリアに違いがあると考える。そして、そのように異なる反応を示すということは、両者が異なる物理的状態にあるということを意味する。さらに言えば、両者が異なる反応を示すのは、両者の脳状態が異なるからであると考えるのが自然である。したがって、このようにクオリアの個人差が生じている場合には、個人間に脳状態の違いがあると考えるのが自然だろう。

それゆえ、以上のようにクオリアの個人差が見出される日常的な事例は、物的一元論によって十分に説明可能であるように思われる。この限りでは、クオリアの存在やクオリアの個人差は物的一元論に何ら困難をもたらさないのである。さて、この点を確認したところで、準備運動は終わりである。次では、いよいよ「クオリア問題」の本題に入ることにしよう。

想定可能性論法

以上のように、クオリアの個人差が見出される日常的な事例は、物的一元論にとって何ら問題ではない。しかし、以下に示す「想定可能性論法」（あるいは「思考可能性論法」とも呼ばれる）によれば、クオリアの個人差が見出される状況として、そのような日常的な状況とは異なる特殊な状況を想定することが可能であり、それによって、物的一元論に疑問を投げかけることができるように思われる。

まず、先に見たように、物的一元論によれば、仮に二人の主体が同一タイプの物理的状態にあるとすれば、その二人は同一タイプの心の状態にある。それゆえ、物的一元論によれば、同一タイプの物理的状態にある二人の主体が異なるタイプの心の状態にあるということはありえない。

しかし、次のような「クオリアの逆転」の状況を想定することは可能であるように思われる。双子の拓哉と正広がトマトを見ているとしよう。このとき、二人はまったく同じタイプの物理的状態になったと仮定する。それゆえ、二人はともに、「このトマトはよく熟れていて赤いね」といった言葉を交わし、同じようにふるまう。しかし、拓哉の意識には赤のクオリアを持つトマトが現れているのに対して、正広の意識には緑のクオリアを持つトマトが現れている（**図2―1**を参照）。

今度は、二人が木々の葉を見ているとする。このとき、二人は同一タイプの物理的状態になったと仮定する。それゆえ、二人はともに、「鮮やかな緑だね」といった言葉を交わし、同じようにふるまう。しかし、拓哉の意識には緑のクオリアを持つ葉が現れているのに対して、正広の意識には赤のク

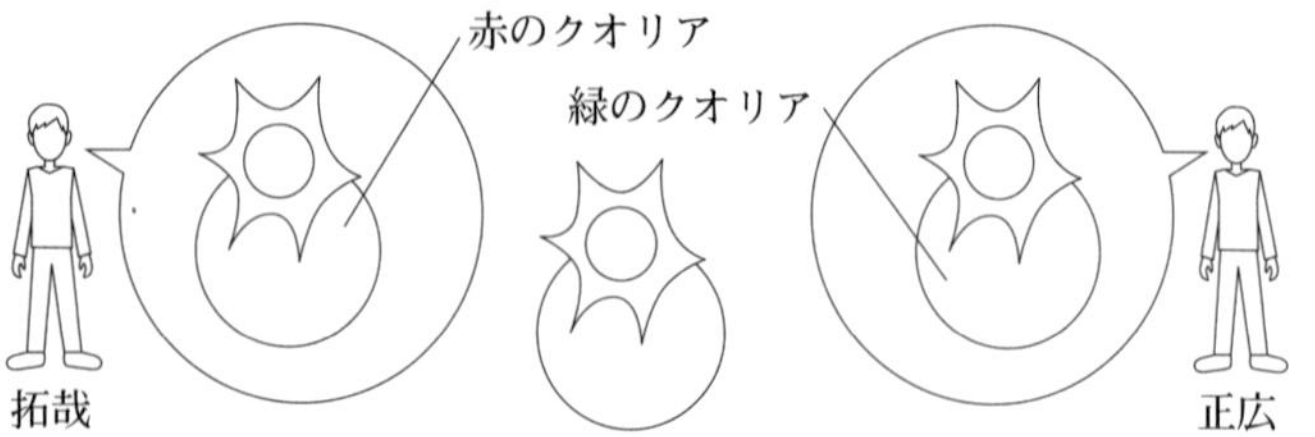

図2—1

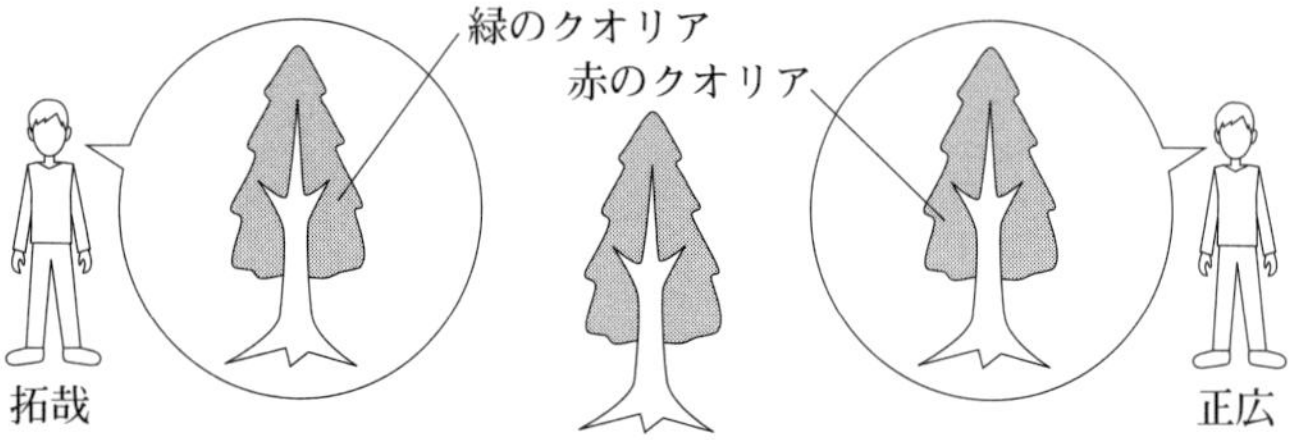

図2—2

オリアを持つ葉が現れている（**図2—2**を参照）。

これに対しては、次のような疑問が生じるかもしれない。どうして、正広が「このトマトは赤い」と言う、などという状況が想定できるのか。嘘でも色覚異常でもないのだとしたら「緑だ」と発言するしかないのではないだろうか。

これに対しては次のように答えられる。たとえば、正広は生まれつきクオリアが逆転していたとしよう。そして、正広は、われわれならば「緑」と呼ぶ色を「赤」と呼ぶように教育されたとする。もしこのようなことが想定できるならば、正広が嘘をついているわけではないと想定できないだろうか。

また正広は、皆が「赤」と呼ぶ色と「緑」と呼ぶ色を識別できないと想定されているわ

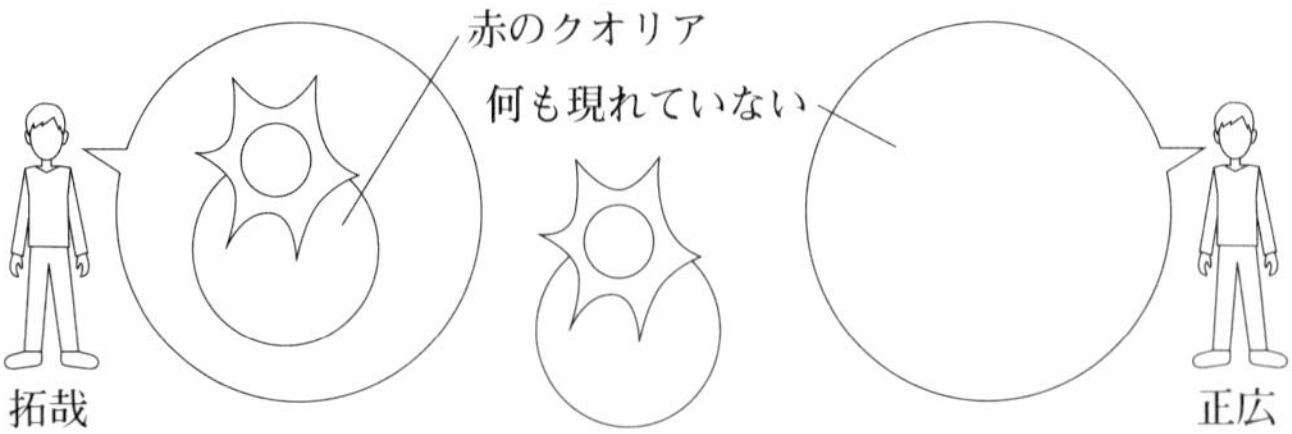

図2—3

けでもない。色覚異常とは、色の識別ができないことである。それに対して、正広は、皆があるものを指して「これは赤い」と言うときには同じく「これは赤い」と言い、皆があるものを指して「これは緑だ」と言うときにも同じく「これは緑だ」と言う。ただ、正広の意識に現れる色のクオリアは、皆のそれとは逆転してしまっているのである。

　同じような状況は、視覚以外の知覚・感覚でも想定可能であるように思われる。たとえば、拓哉と正広がチョコレートを食べているとしよう。そして、二人がチョコレートを口にした瞬間、二人は同一タイプの物理的状態になったと仮定しよう。それゆえ、二人はともに「とても甘いチョコレートだね」といった言葉を交わし、同じようにふるまう。しかし、拓哉の意識には甘味のクオリアが現れているのに対して、正広の意識にはレモンの酸味のクオリアが現れている。

　以上のような「クオリアの逆転」と同様に、次のような「クオリアの欠如」の状況も想定可能であるように思われる。先と同じようにトマトを見たときに、拓哉と正広が同一タイプの物理的状態になったとしよう。しかし、拓哉の意識には赤のクオリアを持つトマトが現れているのに対して、正広の意識には何も現れていない（**図2—3**を参照）。

同じような状況は、視覚以外の知覚・感覚でも想定可能であるように思われる。チョコレートを口にした瞬間に二人が同一タイプの物理的状態になったとしよう。しかし、拓哉の意識には甘味のクオリアが現れているのに対して、正広の意識には何も現れていない。

これらの状況が想定可能であるというだけでは、もちろん、そのような状況が実際に生じているということにはならない。しかし、これらが想定可能であるとしたら、少なくともそれらの状況が実際に生じる可能性はあると言うことができないだろうか。これは、物的一元論の主張に反して、同一タイプの物理的状態にある二人の主体が異なるタイプの心の状態にあるということが実際に可能だということにほかならない。それゆえ、物的一元論は誤りなのである。以上の論証を「想定可能性論法」と呼ぶことにしよう。

Q&A

（Q3）二人の主体がまったく同じタイプの物理的状態になることなどありえないのではないか？

（A3）これは、二人の主体が同じタイプの物理的状態になるなんてことは実際にはほとんど生じないということを意味しているのか？　そうだとすれば、確かにその通りだろう。しかし、ここで問題にしているのは、仮にそのような二人の主体が存在するとしたら、そのとき二人は必ず同じタイプの心の状態にあるかどうかである。「Aだとしたら…」と仮定するために、Aがよく生じる事柄である必要はない。Aが生じる可能性がまったくないのでない限り、この仮定の下で何が成立するかを考えることはナンセンスなことではない。

それとも、そのような状況が生じることはまったく不可能だというのか？　もしそうだとすれば、「Aだとしたら…」と仮定すること自体がナンセンスになる（「四つの辺を持つ三角形があるとしたら…」という仮定のように）。しかし、なぜ不可能と言えるのか？　二人の物理的状態が同一であるということには何ら論理的な矛盾はないし、自然法則に反するようなこともないのではないだろうか？

（Q4）物理的状態が同じならクオリアも同じになるのでは？　逆に、クオリアが違うなら物理的状態も違うはずでは？　どうして逆転や欠如が想定可能なのかわからない。

（A4）なぜそのように言えるのか？　もし、何らかの物的一元論が正しいということを前提した上でそのように考えているのだとしたら、それは批判として不適切である。というのも、この議論で問題になっているのは、まさにその物的一元論が正しいかどうかだからである。物的一元論が正しいということを前提すれば、物的一元論が誤りであるとする想定可能性論法は当然、誤った論証であることになる。しかし、そのように前提して物的一元論を擁護しても、そもそも物的一元論の正しさに疑問を持つ人には何の説得力もないだろう。物的一元論に疑問を持つ相手を説得するには、物的一元論の正しさを前提せずに相手を批判するのでなければならない。

それでは、物的一元論の正しさを前提せずに、クオリアの逆転や欠如は想定不可能だと言えるだろうか。ここで確認しておきたいのは、あることが想定可能かどうかという問題は、われわれがそれについてどのような概念を持っているかの問題だということである。つまり、クオリアの逆転や欠如が想定可能かどうかという問題は、われわれが持っているクオリアや現象的状態の概念に、クオリアの逆転や欠如の想定を不可能にするようなものが含まれているかどうかという問題なのである。

ここで注目すべきなのは、心と脳の同一性は、仮に正しいものだとしても、世界を探究してはじめて正しさを正当化できるア・ポステリオリな同一性だということである（第1章第3節の「コラム　ア・プリオリとア・ポステリオリ」参照）。これはつまり、クオリアや現象的状態の概念を含め、心に関するわれわれの概念に照らして考える限りでは、心と脳の間に結びつきは見出されないということにほかならない。これは、心と身体で考えても同様である。少なくともこの限りでは、物的一元論が正しいかどうかを前提せずに考えると、クオリアの逆転や欠如を想定できるということを否定すべき理由はないように思われる。

コラム　論点先取

神の存在を信じない人に対して、神が存在することを論証しようとして「なぜなら、聖書に神は存在すると書いてあり、聖書の記述は真なる記述だからである。そして、聖書の記述が真なる記述なのは、それが神の言葉を書き記した書物だからである」と言っても説得力はない。それは、「聖書は神の言葉を書き記した書物である」という根拠のうちに、論証すべき神の存在が前提されてしまっているからである。

（A４）で述べたように、物的一元論の正しさを前提して想定可能性論法を否定しても、物的一元論の正しさに疑問を持つ人には説得力がないというのも、これと同じである。このように、論証すべき事柄や反論から守ろうとしている事柄をあらかじめ前提してしまう誤りを「論点先取」と呼ぶ。われわれは、自分の主張を根拠づけようとする際に、知らぬ間にこの論点先取の誤りを犯していることがよくある。くれぐれも注意が必要である。

（Q５）クオリアの逆転や欠如は、主体の物理的状態の違いに一切現れない。そうであるならば、それらが生じていることをどうやって証明するのか？

（A５）想定可能性論法にとっては、クオリアの逆転や欠如が実際に生じていることを証明する必要はない。そこで問題となっているのは、それらが生じる可能性があると言えるかどうかだからである。一般に、あることが生じる可能性があるということを証明するために、それが実際に生じていることを証明する必要があるとは言えない。たとえば、一辺が1キロメートルの三角形をつくることが可能であることを証明するために、そのような三角形を実際につくってみせる必要はない。想定可能性論法によれば、同様にして、クオリアの逆転や欠如の可能性があることを証明するために、それらの実例を示す必要はない。そのためには、それらの状況が想定可能であることを根拠とすれば十分なのである。

(Q6)「クオリアの逆転や欠如が生じる可能性がある」と言うだけでは、物的一元論が誤りかもしれないということしか示せず、誤りであるとまでは言えないのではないか?

(A6)(Q6)は、「クオリアの逆転や欠如が実際に生じていること」と「物的一元論が誤りであること」を同一視していると思われるが、これは誤解である。物的一元論によれば、クオリアの逆転や欠如は、単に実際に生じていないというだけではなく、生じる可能性すらない。たとえば、心脳同一説によれば、各タイプの心の状態は特定のタイプの脳状態と同一である。それゆえ、拓哉と正広が同じ脳状態にあるのならば、二人が異なる心の状態にあるということは、単に実際に生じていないというだけでなく、生じる可能性すらない(次と比較してみるとよい。水と H_2O は同一である。それゆえ、剛と慎吾がともに水を飲んでいるとすれば、剛は H_2O を飲んでいるが慎吾は H_2O を飲んでいないなどということはありえない)。それゆえ、クオリアの逆転や欠如が生じる可能性があるということさえ示せれば、物的一元論が誤りであることは十分に根拠づけられるのである。

知識論法

物的一元論が誤りであることを論証しようとする議論はもう一つある。以下に示す「知識論法」がそれである。

まず、心の状態に関する事実を「心的事実」と呼び、物理的状態に関する事実を「物理的事実」と呼ぶことにする。物的一元論によれば、心の状態とは主体の何らかの物理的状態である。したがって、物的一元論によれば、すべての心的事実は何らかの物理的事実にほかならない。

ここで、吾郎というある科学者がいるとする。吾郎は手術によって生まれつき色覚が失われていたとする。それゆえ、吾郎は、空の青さを見たことがない。しかし、吾郎はあらゆる自然科学に精通した天才的な科学者であり、物理的事実をすべて知っているとする。たとえば、吾郎は、もし自分が青い空を見たとしたら（実際には見たことがないが）、自分がどのような物理的状態になるかといったことに関する事実も完全に知っているのである。ここで、吾郎が手術により色覚を回復させ、青い空をはじめて見たとしたらどうなるだろうか。吾郎は、「青のクオリアが意識に現れるとはどのようなことなのかはじめて知った！」と言うはずである。つまり、吾郎はそのとき、青のクオリアに関する心的事実をはじめて知ったのである。

これは、物的一元論の主張に反して、すべての物理的事実を知っていても、すべての心的事実を知っているとは言えないということにほかならない。したがって、物理的事実に尽きない心的事実がある。それゆえ、物的一元論は誤りなのである。以上の論証を「知識論法」と呼ぶことにしよう。

Q&A

（Q７）何かを実際の体験を通して知ることは、ある事実を本などを通して第三者的に知ることとはまったく別のことである。それゆえ、青のクオリアが意識に現れるとはどのようなことかを知るということは、そもそもいかなる事実の知識でもないのではないか？　そうだとすれば、物理的事実に尽きない心的事実があることにはならない。

（Ａ７）確かに、何かを実際の体験を通して知ることは、ある事実を本などを通して第三者的に知ることとは異なる。しかし、そのことは、実際の体験を通して得る知識が事実についての知識ではない、ということを意味するだろうか。吾郎は、「実際の体験を通して」という仕方で、青のクオリアが意識に現れるとはどのようなことかに関する一つの事実を知ったのではないだろうか。そして、それは、それまですでに知っていた物理的事実とは別の事実であると言えないだろうか。知識論法を唱える論者には、少なくともこのように回答する余地があるように思われる。

3　物的一元論からの再反論

前節の議論によれば、物的一元論は誤りであることになるように思われる。しかし、物的一元論の側からの再反論がないわけではない。物的一元論は、想定可能性論法や知識論法に対する批判を提示することができる。ここでは、それらの批判を見ていくことにしよう。

想定可能性論法批判

「想定可能性論法」は以下のようにまとめることができる。

前提1：物的一元論が正しいならば、同一タイプの物理的状態にある二人の主体が異なるタイプの心の状態にあるということは不可能である。

前提2：クオリアの逆転や欠如の状況、すなわち、同一タイプの物理的状態にある二人の主体が異なるタイプの心の状態にあるということは想定可能である。

結論1（前提2から）：同一タイプの物理的状態にある二人の主体が異なるタイプの心の状態にあるということは実際にも可能である。

結論2（前提1と結論1から）：物的一元論は誤りである。

この論証は、前提2から結論1を導出してしまっている点に誤りがある。というのも、あることの想定可能性とそのことの実際の可能性はあくまでも別のものであり、一般に、前者から後者を導出することはできないからである。

あることの想定可能性からそのことの実際の可能性を導出できないのは、後者が人々の知識に依存しないのに対して、前者はそれを想定する人々の知識に依存するものだからである。たとえば、水が（1気圧の下で）80度で沸騰するということが想定可能かどうか、またそれが実際に可能かどうかを考えてみよう。水の本質、すなわち、水とはH_2Oであり、H_2Oの分子構造からして水は100度で沸騰するということを知っている人にとっては、それは想定不可能である。それに対して、水の本質に関するこの化学的知識を持たない人（子どもや昔の人など）にとっては、それは容易に想定可能だろう。しかし、誰にとってであれ、水の本質からして、水が80度で沸騰するということは実際には不可能である。したがって、後者の人々（子どもや昔の人など）にとっては、それは想定可能であるが実際には可能でないということになる。それゆえ、一般に、あることが想定可能だからといって、それが実際にも可能であるとは言えないのである。

それゆえ、われわれにとってクオリアの逆転や欠如が想定可能だ（前提2）からといって、それだけでは、クオリアの逆転や欠如が実際にも可能だ（結論1）とは言えない。われわれは、ちょうど昔の人が水の本質を知らなかったように、現象的状態の本質をまだよく知らないだけであって、実際にはクオリアの逆転も欠如も不可能であるかもしれない。それゆえ、想定可能性論法で物的一元論を反駁することはできないのである。

Q&A

（Q8）ある人々にとってあることが想定可能だからといってそれが実際にも可能だとは必ずしも言えないということ、つまり、ある人々にとって想定可能でも実際には不可能なことがあるということは、水の例を通して理解できた。それでは逆に、ある人々にとって想定不可能でも実際には可能なことはあるのだろうか？　それとも、ある人々にとって想定不可能ならば必ず実際にも不可能なのだろうか？

（A8）想定不可能だが実際には可能であるようなこともあると思う。たとえば、大地が平らで端は崖になっていると考えていた昔の人にとっては、地平線の向こう側へ行くなどということは想定不可能なことだった。しかし、実際には大地（すなわち地球）は丸く、地平線の向こう側へ行くことは昔から可能だった。

ただし、想定不可能なことのすべてがこのように実際には可能なわけではない。たとえば、「四つの辺を持つ三角形を見つけること」は想定不可能であるが、これが実際には可能であるなどということは考えられない。四つの辺を持っていたらそれはもはや三角形とは言えないからである。これに対して、平らだと思っていた大地が実は丸いということがわかっても、それはもはや大地ではないということにはならないだろう。この違いは、三角形にとって四つの辺を持っていないということが本質的であるのに対して、大地であることにとっては平らであるということは何ら本質的ではないということを示しているのではないかと思う。

（Q9）想定可能性論法批判は、あることが想定可能であるとしてもそれが実際にも可能であるとは限らないと言うが、実際には不可能であるとも言えないのではないか？　そうであるならば物的一元論が正しいとも結論できないのでは？

（A9）誤解がある。そもそも、想定可能性論法批判は、物的一元論が誤りであること、つまりクオリアの逆転や欠如が実際に可能であることを根拠づけようとする相手の論証への「批判」に過ぎず、物的一元論が正しいこと、つまりクオリアの逆転や欠如が実際に不可能であることを自ら論証しようとする「異論」ではない。物的一元論の正しさの論証は、この批判とは別に行われるべきものである。

知識論法批判

「知識論法」は以下のようにまとめることができる。

前提1：物的一元論が正しいならば、すべての心的事実は何らかの物理的事実である。

前提2：吾郎は、すべての物理的事実を知っていたが、青い空を見てはじめて、青のクオリアが意識に現れるとはどのようなことかを知った。

図2—4

結論1（前提2から）：物理的事実ではない心的事実がある。
結論2（前提1と結論1から）：物的一元論は誤りである。

この論証も、前提2から結論1を導出してしまっている点に誤りがある。というのも、一般に、すでに知っていた事実を異なる仕方で認識するに至るという場合があり、その場合には、すでに知っていた事実とは別の事実を知るに至ったことにはならないからである。

たとえば、吾郎がメートル尺を使って、ある棒が一メートルの長さを持っていることを知るとしよう。さらに吾郎は、ヤード尺を使って、その棒が一・一ヤードの長さを持っていることを知るに至ったとする。しかし、吾郎はそれによって新たな事実を知るに至ったわけではない。というのも、棒が一メートルの長さを持つという事実と、棒が一・一ヤードの長さを持つという事実は、棒がある特定の長さを持っているという同一の事実にほかならないからである。吾郎は、同一の事実を二つの異なる仕方で認識しただけなのである（**図2—4**を参照）。

同じように、青い空をはじめて見たとき、吾郎は新たな事実を知ったのではなく、すでに知っていたある物理的事実をこれまでとは異なる仕

図2—5

方で認識するに至っただけであると考えることもできる。つまり、吾郎は、青い空を見たときどのような物理的状態に（たとえばどのような脳状態に）なるかに関する物理的事実を自然科学的な第三者的な知り方ですでに知っていたが、その同一の物理的事実を、「実際の体験を通して」という新しい仕方で認識するに至ったということである（**図2—5**を参照）。

それゆえ、吾郎が青い空を見てはじめて、青のクオリアが意識に現れるとはどのようなことかを知った（前提2）からといって、吾郎がそこで物理的事実とは異なる事実を知るに至ったと言うことはできない。つまり、物理的事実ではない心的事実がある（結論1）と結論することはできない。それゆえ、知識論法で物的一元論を反駁することもできないのである。

Q&A

（Q10）棒の長さをヤード尺で測ることによって「一メートル＝一・一ヤード」を認識するに至ったとしたら、新たな事実を知るに至ったことになるのではないか?

(A10) 確かに、「一メートル＝一・一ヤード」という事実は、新たな事実かもしれない。しかし、ここで問題になっているのは、ある棒が一・一ヤードであるという事実が、その棒が一メートルであるという事実とは異なる事実かどうかであり、「一メートル＝一・一ヤード」が新たな事実かどうかではない。同様にして、知識論法に関する議論で問題になっているのは、青のクオリアが意識に現れるとはどのようなことかに関する事実が、青い空を知覚したときにどのような物理的状態になるかに関する事実とは異なる事実かどうかであり、「前者の事実＝後者の事実」が新たな事実かどうかではない。

(Q11) 一メートルであることと一・一ヤードであることは、棒の長さそのものとしては同じかもしれないが、異なる事実であると言ってもよいのではないか? 「事実」という言葉はそのような意味で使うこともできるように思われる。

(A11) 確かに、「事実」という語にはそのような使い方もあるだろう。しかし、それは、世界に成立している事柄そのものとして、一メートルであることと一・一ヤードであることに違いがあるということを意味するのだろうか。違いがあるとすれば、一方が成り立っているときに他方が成り立っていないということがありうるのでなければならないだろう。しかし、それはありえない。同様に、心的事実と物理的事実が異なる事実であると言えるとしても、それらが世界に成立している事柄として異なると言えないのだとしたら、それは、物的一元論にとっての問題だとは言えないように思われる。

4　説明のギャップ

以上のように、想定可能性論法も知識論法も物的一元論の誤りを示そうとする論証としては不十分であると言わざるをえない。しかし、それは、物的一元論の正しさが論証されたということとは別である。物的一元論がクオリア問題を解消するには、少なくとも、物的一元論の正しさの論証の見通しを示す必要があるように思われる。しかし、以下に示すように、それが可能かどうかには議論の余地があるように思われる。少なくとも一見する限り、どのようにすればクオリアに関して物的一元論が正しいことを説明できるのかについては疑問が残るように思われるのである。

第1章で見たように、物的一元論を支持する最も強い根拠は、心物因果の成立だった。現象的状態を含めて心の状態は一般に、物理的刺激や身体運動と、必ずしも直接的ではないが、因果関係を成す。そのような心物因果を理解可能にするには、心の状態は特定のタイプの脳状態と同一であると考える心脳同一説か、もしくは、心の状態はさまざまなタイプの脳状態によって実現されている機能的状態であると考える機能主義のどちらかを支持することが、最も簡単明瞭な解決策だった。このように心物因果が理解可能になるという限りでは、物的一元論が正しいと考えるべき根拠がないわけではない。

この限りで、クオリアに関して物的一元論が正しいことの「説明」がないわけではないのである。しかし、この意味での「説明」に対して、少なくとも一見する限りでは、ある種の納得し難さが残るというのも否定できないように思われる。それでは、この納得し難さは何によるものなのだろうか。そして、それは本当に納得できないようなことなのだろうか。これらの点を分析するには、想定可能性論法批判で挙げられた水のケースとクオリアのケースを比較するのがよい。なぜなら、水のケースには、クオリアのケースに感じられる納得し難さがないように思われるからである。

想定可能性論法批判によれば、想定可能性論法が論証として不適切なのは、われわれは、昔の人が水の本質を知らなかったように、現象的状態の本質をまだ知らないだけであるかもしれないからである。われわれは、かつての人々が「水とはH_2Oのことであり、80度では沸騰しえないものである」という発見をしたように、「現象的状態は脳状態にほかならず、クオリアの逆転や欠如は実際には不可能である」という発見をするかもしれない。それゆえ、クオリアの逆転や欠如の想定可能性からそれらの実際の可能性を導き出すことはできないのである。

しかし、水のケースとクオリアのケースには大きな違いがあるように思われる。それは、以下に示すような意味で、水とH_2Oの同一性は、どのようにすれば説明できるかが明確であるのに対して、現象的状態と脳状態との同一性は、どのようにすれば説明できるかがそれほど明確ではないように思われるという点である（その点は、同一性でなく機能主義における実現関係でも同様である。それゆえ、以下では、同一性に話を絞る）。

水とH_2Oの同一性の説明は、（実際にそれが発見された道筋とは異なるかもしれないが）次のように再構成できる。まず、水が持っているさまざまな性質が特定される。そして、それらの性質はすべて何らかの因果的役割に分析される。たとえば、「（1気圧では）100度で沸騰する」という性質は、「100度まで加熱する」という原因によって「気化を始める」という結果を引き起こす、という因果的役割に分析される。そして、今度は、このような因果的役割を果たす性質を持つミクロ的な実体が探し求められる。そして、H_2Oという分子構造を持つミクロ的実体の一群がそのような性質を持っているということが確認される。それゆえ、水とはH_2Oにほかならないと納得のいく形で結論できるのである。

このように、まず一方の性質を因果的役割に分析し、そして他方の性質がそれらの役割を果たすことを示す、という二段階による同一性の説明は、水とH_2Oの同一性のみならず、物理的なもの同士の間の同一性一般に当てはまる説明であるように思われる。それは、知識論法をめぐる議論で問題になった物理的事実の同一性についても言えることである。たとえば、棒が一メートルの長さを持っているという事実と、棒が一・一ヤードの長さを持っているという事実の同一性の場合も、まずは、「一メートルの長さを持つ」という性質が、「メートル尺を当てる（原因）と、一メートルの目盛りを示す（結果）」という因果的役割に分析される。そして、「一・一ヤードの長さを持つ」という性質もまた、そのような役割を果たすということが示されることによって、それらの事実が同一の事実であることが十分に説明されるのである。

しかし、現象的状態と脳状態の間の同一性は、このように説明できるようには思われない。それは、まさに現象的状態に備わるクオリアという性質（質的な特徴）を因果的役割によって分析しつくすことはできないように思われるからである。このように、現象的状態と脳状態の同一性を説明しようとしても、その間には「説明のギャップ」がどうしても残ってしまうように思われるのである。

これに対して物的一元論は、次のように反論するかもしれない。確かに、現在のわれわれの理解では、クオリアを因果的役割に分析しつくすことはできないかもしれない。しかし、それは、われわれが現象的状態の本質を十分に理解できていないからであり、それを十分に理解したならば、クオリアの因果的役割への分析は可能になるかもしれないではないか。

確かに、われわれは現象的状態の本質を十分に理解できていないだけで、その十分な理解が得られれば、クオリアは因果的役割に分析可能になるかもしれない。実際、そのような理解の試みがないわけではない。しかし、そのような試みにもいくつかの根本的な問題や議論の余地があるように思われる（そのような試みについては、第3章第3節の「クオリアの志向説」および同第4節の「因果的説明」を参照）。この限りで、物的一元論にはまだ大きな課題が残されているように思われるのである。

Q＆A

（Q12）クオリアの場合、どのように同一性を説明すればよいのかわからないと言うが、人がいろいろな現象的状態にあるときに、その人の脳状態がどのようになっているかを調べればよいのではないか？

（A12）確かに、そのような探究をすれば、さまざまな現象的状態にあるときにどのような脳状態が生じているかを確定することができるだろう。しかし、それが証明していることはせいぜい、それらの現象的状態と脳状態がいつも伴っているということだけであり、それらが同じ一つのものであるということではない。いつも伴っているというだけでは、それらが二つの別々のものであるという余地が残るからである。

（Q13）メートル尺での測定とヤード尺での測定は誰にでもできるので、誰もが「一メートルであるという事実＝一・一ヤードであるという事実」に納得できるが、吾郎の現象的状態は本人にしか体験できない。だから、「心的事実＝物理的事実」は納得しがたいのでは？

（A13）確かに、物理的状態が誰にも認識可能であるのに対して、現象的状態は主体本人にしか認識できない。このことは「心的事実＝物理的事実」の納得しがたさの一因であるかもしれない。しかし、この納得しがたさがそれに尽きているのかどうかはよくわからない。仮に現象的状態が誰にでも体験できるようなものだったとしても（たとえば、他人の脳と自分の脳を接続することで、他人の現象的状態を体験できるようになったとしても）、「心的事実＝物理的事実」には納得しがたさが残るような気もする。

まとめと問題

まとめ

意識という心の基本的特徴を手掛かりにして、心とは何かを考える限りでは、物的一元論にはまだ大きな課題が残されているように思われる。二元論を支持する議論として提示されている想定可能性論法や知識論法は論証として十分なものとは言えない。しかし、物的一元論が正しいことを理解するための説明も十分に与えられているとは言えない。現象的状態と脳状態の間には「説明のギャップ」が残ってしまっているように思われるのである。

このように、意識に関して見る限りでは、多くの議論の余地が残されているが、その議論を深めていくことは「入門」の範囲を超えてしまう。それゆえ、この先の議論については、巻末の「参考文献と読書案内」で紹介している文献を参考にしてもらうことにして、ここでは、次章以降で扱われる別の基本的特徴に目を向けることにしよう。

問題

(1) 想定可能性論法と知識論法とは、それぞれどのようなものかを説明せよ。

(2) 想定可能である（あるいは、想定可能だった）が実際には不可能なこと、想定不可能である（あるいは、想定不可能だった）が実際には可能なこと、想定不可能で実際にも不可能なことの具体例をそれぞれ考えよ。

(3) 二つの異なる仕方で認識される同一の事実の具体例を考えよ。

(4) 「説明のギャップ」の議論に対する自分の考えを根拠とともに示せ。

第3章　心の志向性

本章では、「志向性」という心の基本的特徴について見ていく。「志向性」という語は、日常の中で目にしたり耳にしたりすることはほとんど皆無なだけでなく、それが指すところの特徴を心が持つことを自覚している人もほとんどいないだろう。それゆえ、「志向性」とは何のことかについては、以下で詳しく説明したいと思う。しかし、他方で、これまでの心の哲学の歴史の中では、多くの哲学者たちが、とりわけこの特徴に着目し、しばしば、志向性こそが心の本質であると論じてきた。志向性を欠くものは「心」と呼べないのかどうかについては議論の余地がないわけではない。しかし、志向性が心の重要な基本的特徴であることは間違いない。

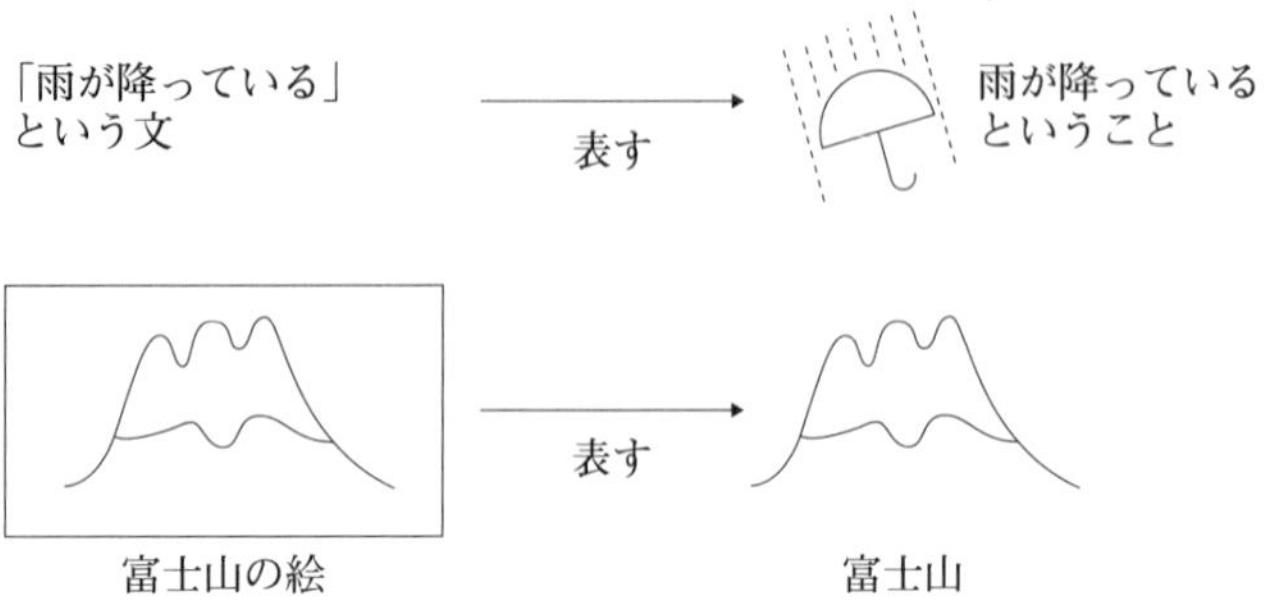

図3—1

1　志向性

本節では、そもそも「心の志向性」とは何かを説明しよう。しかし、まずはそのための準備として、心そのものからはいったん離れ、「志向性」とは何かについて一般的な事柄を説明することから始めよう。

志向性と表象

志向性とは、あるものが何かを表したり意味したりするはたらきや、何かに向けられている、あるいは何かについてのものであるという性質のことである。われわれの身近にあるもので志向性を持つものの例としては、言葉や絵を挙げることができる。たとえば、「雨が降っている」という文は、雨が降っていることを表し、富士山の絵は、富士山についてのものである（**図3—1**を参照）。

一般に、「記号」や「表現」として理解されるものはすべて志向性を持つ。それに対して、この世界に存在するほとんどのものはふつう志向性を持たない。たとえば、椅子や机、ガラス窓はふつう志向性を持たない。それに対して、ある種の空気の振動（音声）や、チョークやインクの模様（文字）、絵の具の模様（絵）は、志向性を持つのである。もちろん、特殊な状況では、椅子や机を、何かを表すものとして使うこともあるだろう。たとえば、椅子を並べて文字を作れば、それらの椅子の並びは全体として何かを表すものとして理解できるだろう。しかし、そのような場合には、それらの椅子や机はもはや単なる椅子や机として存在しているのではなく、ある種の記号として存在しているのである。

志向性を持つものは「表象」と呼ばれ、何かを表すはたらきは「表象する」と表現される。また、表象の対象となるものや事柄は「表象内容」あるいは「志向的内容」と呼ばれる。さらに、それらの内容は、実際に存在しているものや実際に成立している事柄である必要がない。たとえば、「現在のフランス国王」という語が表象するものは実際には存在しない。同様に、「地球は平らだ」という文が表象する事柄は実際には成立していない。このように、実際には存在していないものや実際には成立していない事柄を表すこともできるという点は、表象にとって本質的なことであると考えられる。

志向性を持つ心の状態と志向性を持たない心の状態

志向性を持つものの中には、信念、欲求、感情、知覚といった心の状態も含まれる。たとえば、雨が降っているという信念は、雨が降っているということを表象し、正広に対する愛情は、正広を表象

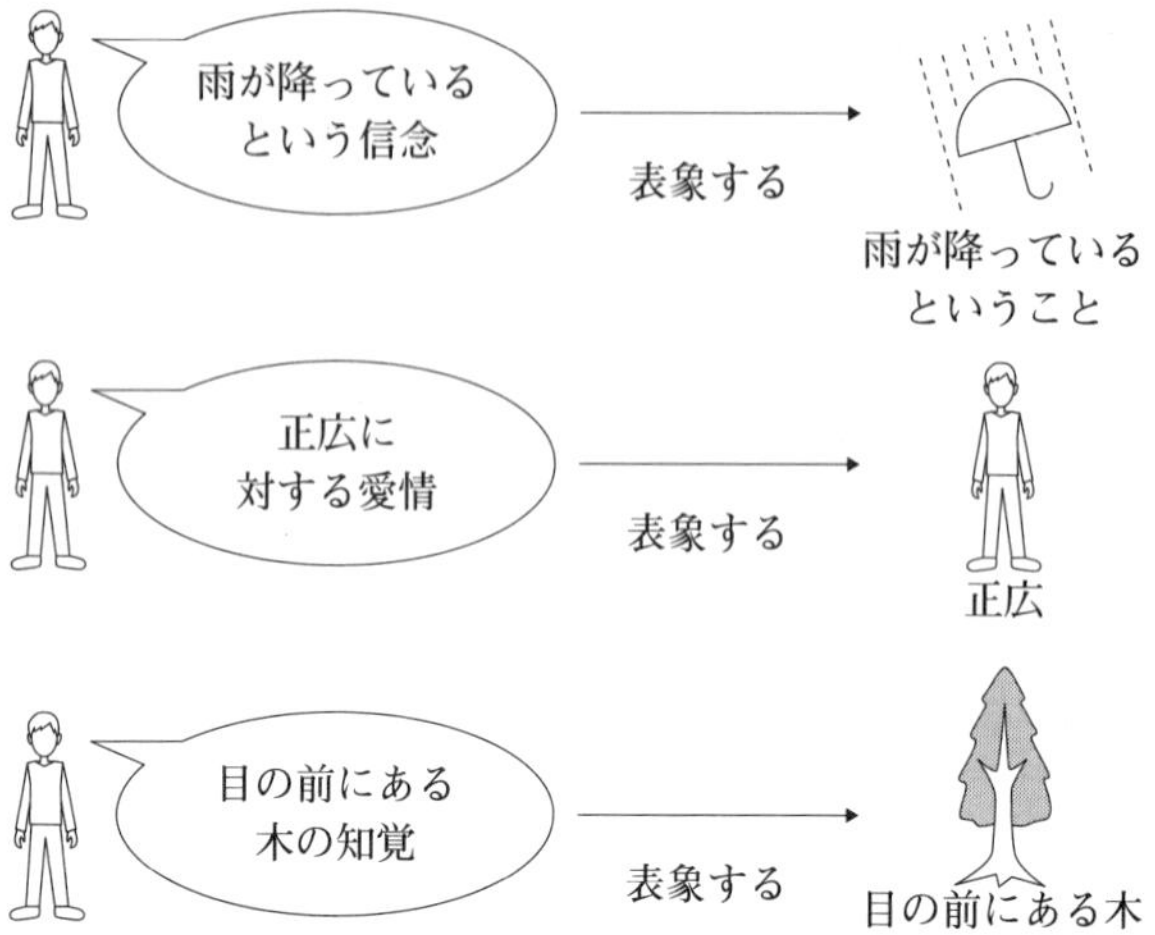

図３—２

している。また、目の前にある木の知覚は、目の前にある木を表象している（**図３—２**を参照）。

志向性を持つ心の状態は、表象内容と、それに対する、信じる、欲するといった態度のあり方の二つで区別される。それゆえ、表象内容が同じであっても、態度が異なれば心の状態としては別であるし、態度が同じであっても、表象内容が異なれば心の状態としては別である。たとえば、雨が降っているという信念と、冷蔵庫にビールが入っているという信念は、態度が同じであるが、表象内容は異なる。それゆえ、両者は別の心の状態である。また、試験の結果は合格であるという信念と、試験の結果は合格であってほしいという欲求は、表象内容（試験の結果が合格であるということ）を共有しているが、態度が異なるので、別の心の状態である。

以上のように、たいていの心の状態は志向性を持つと考えられる。しかし、すべての心の状態が志向性を持つのだろうか。先にも触れたように、志向性こそが心の本質であり、すべての心の状態が志向性を持つと考える論者は少なくない。しかし、これは意見の分かれるところである。志向性を持つかどうかが問題になる心の状態としては、たとえば、もやもやした感情や、痛みの感覚を挙げることができる（**図3―3**を参照）。

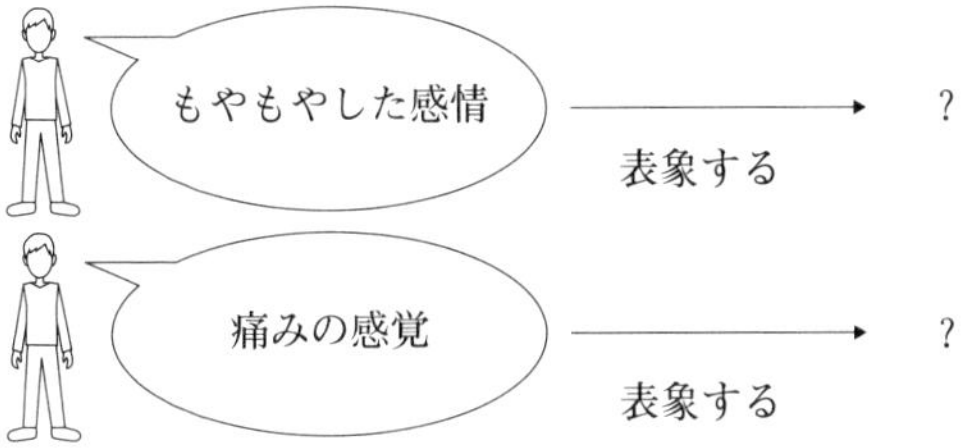

図3―3

これらの心の状態に志向性がないように思われるのは、少なくとも一見する限りでは、それらの心の状態は、単にその状態が成立しているということに加えて、何かを表しているようには思われないからである。たとえば、もやもやした感情は何にも向けられていない漠然とした感情であるように思われるし、痛みの感覚も同じように、痛み独特の感覚があるだけで、それに加えて何かを表しているようには思われない。

しかし、これらの心の状態には本当に志向性がないのだろうか。「表象主義」あるいは「志向説」と呼ばれる立場の論者たちは、あらゆる心の状態が志向性を持つと主張する。それらの論者によれば、心の状態としての痛みの感覚は、身体状態としての痛みを表象しているのである。それゆえ、目の前にある木の知覚が、実際には目の前に木がないとしても生じうる（つまり、誤った知覚でありうる）のと同様に、痛みの感覚はあるが、実際には痛みはないということ（つまり、誤った感覚であるということ）もありうる。また、目の前の木そのものは存在しているが、それを知覚していない、という状況が当然ありうる（たとえば、別の方向を向いている場合などを考えればよい）のと同様に、実際に痛みがあるのに痛みの感覚が生じていないということもありうることになる。以上の考えを支持するものとしては、たとえば、事故などで手足を失った患者が、もはやないはずの手足に痛みを感じるという「幻影肢」の現象や、身体が傷つき身体状態としての痛みは生じているが麻酔をしているために痛みの感覚は生じていないといった現象が、挙げられる。また、表象主義の論者によれば、もやもやした感情は、身体の一部（たとえば内臓）の状態や身体全体の状態を表象する心の状態として理解することができる。

このように、すべての心の状態が志向性を持つのかどうかは意見の分かれるところであり、現在、議論が盛んに行われている。それゆえ、ここでこの問題に対して回答を示すことは控えておこう（この議論については、「参考文献と読書案内」の（1）の第8章や（9）のCh. 3、（21）の第4・5章を参照。また、本章第3節でも関連する議論を扱っている）。以下では、志向性を持つことが自明視されている心の状態についてさらに考察を進めることにする。

Q&A

（Q1）痛みの感覚のように自分の身体内部で生じる現象についての心の状態は皆、痛みの感覚と同様に、志向性を持たないように思われるのか？

（A1）そういうことではない。自分の身体内部の現象についての心の状態であっても、それがあくまでもその現象についての心の状態として認められるのならば、志向性を持つと言える。志向性を持つかどうかにとってのポイントは、あくまでも、その心の状態が何かに向けられている（何かを表している）と考えられるかどうかという点にある。たとえば、自分の胃にはピロリ菌が住んでいる、という信念を私が持っているとしよう。自分の胃にはピロリ菌が住んでいるというのは自分の身体内部の現象であるが、この信念はまさにこの身体内部の現象についての信念であるがゆえに、志向性を持つと言える。

2　命題的態度

以上のように、心の状態の中には志向性を持つと考えられるものがある。このことは、「心とは何か？」という問いに対してどのような帰結をもたらすのだろうか。それを考えるには、心の状態が志向性を持つということがどのようなことであるかをもう少し詳しく理解する必要があるように思われる。まずは、心の志向性についてもう少し詳しく見ることにしよう。

たとえば、それらの心の状態は、どのようにして何かを表象するのだろうか。この問いではわかりにくいかもしれないので、次のように言い換えてみよう。心の状態は、言語のような仕方で何かを表象するのだろうか、それとも、絵のような仕方で何かを表象するのだろうか。あるいは、どちらとも異なる独自の仕方で何かを表象するのだろうか。言語と絵はどちらも、われわれの身近にある表象であるが、一見する限りで、両者はまったく異なるタイプの表象であるように思われる。心の状態は、このどちらかに類するものなのだろうか。本節ではこの点について考察することにしよう。

言語と絵の違い――構文論的構造の有無

まずは、言語と絵の間にあるように思われる違いとは厳密に言うと何なのかを明らかにすることから始めよう。両者の違いを理解するには、以下に示すような言語の特徴を確認する必要がある。

言語には、語が構成規則（文法）に従って組み合わされ、文を構成するという特徴がある。たとえば、「地球は丸い」という文では、「地球」と「は」と「丸い」という語が文法に従って組み合わされている。しかも、それらの語はどの文の中でも共通に用いられる。たとえば、丸いという性質を表す語は、「地球は丸い」という文に含まれる場合も、「サッカーボールは丸い」という文に含まれる場合も、同様に、「丸い」という語である。同じように、地球という対象を表す語は、「地球は丸い」という文に含まれる場合も、「地球は青い」という文に含まれる場合も、同様に、「地球」という語である。このように、構成要素（語）がさまざまな文脈（文）を通して共通に利用されるという特徴を「文脈独立性」と呼ぶ。そして、以上のように、文脈独立性のある構成要素（語）が構成規則（文法）に従って組み合わされている構造のことを「構文論的構造」と呼ぶ。

このような構文論的構造を持つ点に言語の本質があると言える。もし言語にこの構文論的構造がなかったとしたらどうなるだろうか。たとえば、語の文脈独立性がなかったとすると、どの語が何を意味するかは文ごとに異なりうることになり、語の意味から文の意味を即座に割り出すことができなくなってしまう。言語に構文論的構造があるからこそ、われわれは、文の意味を、その構成要素である語の意味を合成させることで理解することができるのである。

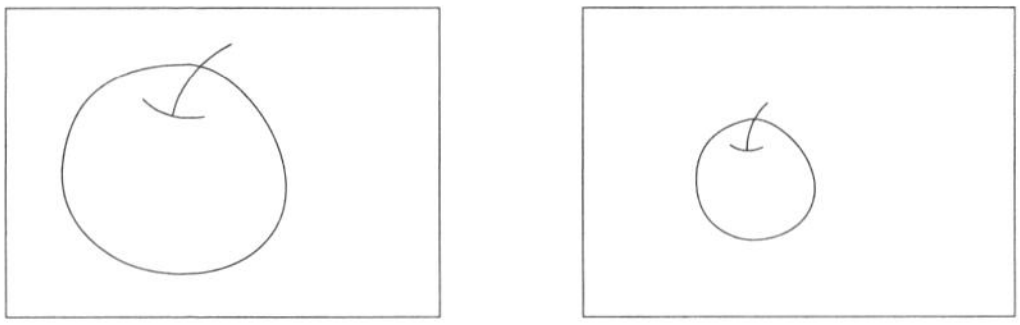

青くて小さいリンゴの絵　　赤くて大きなリンゴの絵

図3—4

そして、このように文の意味を、語の意味を合成させることによって理解できるからこそ、われわれは、はじめて目にする文の意味でさえ即座に理解することができる。たとえば、今私が「グルジアの人工衛星は日本には墜落せず、南太平洋上に墜落した」という文を発話したとする。私を含め、多くの人は、この文をこれまで目にしたことも耳にしたこともないだろう。しかし、それでもそれらの人はこの文の意味をいとも簡単に理解するだろう。このように、はじめて目にしたり耳にしたりするにもかかわらず容易にその意味が理解できるような文は、いくらでも無限につくることができる。それは、言語に構文論的構造があるがゆえに、文の構成要素である語の意味から文全体の意味を即座に割り出すことができるからなのである。

これに対して、絵は文脈独立的な構成要素を持たない。それゆえ、絵には構文論的構造がない。たとえば、**図３―４**のような、赤くて大きいリンゴの絵と青くて小さいリンゴの絵を考えてみよう。両者は、一方のどの部分をとっても、他方には含まれていない。つまり、両者は、どちらもリンゴを表象しているが、共通する要素を持っているわけではないのである。

これに対しては、絵にも構文論的構造があるのではないかという疑問が生じるかもしれない。たとえば、富士山の横に太陽がある絵を描いたとする。この絵は富士山の絵と太陽の絵という二つの構成要素の結合として理解できるだろう。これは、絵にも構文論的構造があるということではないのか。

しかし、そのように表象がいくつかの構成要素からなるというだけでは、構文論的構造があることにはならない。問題の一つは、その構成要素がどの文脈でも共通しているかどうかである。もし、その絵に含まれる富士山の絵や太陽の絵が、富士山や太陽を描いているどの絵の中にも登場する、と言えるのならば、絵にも文脈独立性を認めることができる。しかし、富士山の絵や太陽を表す絵は、それがどのような全体の中にあるかによってさまざまな形や大きさ、色を持つ絵でありうるだろう。そうでなければ、富士山の絵はすべて同じ絵になってしまう。これが、絵には構文論的構造がないということである。

これに対しては、なおも次のような疑問が生じるかもしれない。赤くて大きいリンゴの絵と、青くて小さいリンゴの絵は、リンゴという共通の要素を持っているのではないか。

確かに、それらの絵は、描かれているのがリンゴであるという点では共通している。しかし、それは、絵に構文論的構造があるということを意味するわけではない。その点を理解するには、まず、表象によって表象されている特徴と、表象自体に備わる特徴の違いに着目する必要がある。

表象によって表象されている特徴は、「志向的特徴」と呼ばれる。それに対して、表象自体に備わる特徴は、「内在的特徴」と呼ばれる。たとえば、「青い」という語の内在的特徴としては、二文字でできているという性質や、（それが、黒いインクで書かれている場合には）黒いという性質などが挙げられる。それに対して、その志向的特徴としては、青いという性質が挙げられる。同様に、「地球は青い」という文の内在的特徴としては、「地球」や「青い」といった語を含むという性質や、主語述語構造を持つという性質、五文字から成るという性質などが挙げられる。それに対して、その志向的特徴としては、地球という対象、青いという性質が挙げられる。一方、赤いトマトの絵の内在的特徴としては、赤いという性質、平面であるという性質などが挙げられる。また志向的特徴としては、赤いという性質、立体であるという性質などが挙げられる。これらの事例が示すように、表象の内在的特徴と志向的特徴は一致する必要がない。絵のように多くの内在的特徴と志向的特徴が一致しうる場合でも、すべての特徴が一致しているわけではない。

言語に構文論的構造があるのに対して、絵には構文論的構造がないということは、この志向的特徴と内在的特徴の違いを用いると、より明確に説明することができる。構文論的構造を持つ表象がどの文脈でも共有している構成要素とは、表象の志向的特徴ではなく、内在的特徴なのである。たとえば、「地球は丸い」という文と「サッカーボールは丸い」という文は、志向的特徴（すなわち、丸いという性質）を共有するだけでなく、内在的特徴（すなわち、「丸い」という語を含むという性質）をも共有している。それに対して、「赤くて大きいリンゴの絵と青くて小さいリンゴの絵は、描かれているのがリンゴである点では共通している」と言うとき、それらが共有しているのは、描かれているのはリンゴであるという絵の志向的特徴であって、絵の内在的特徴ではない。このように、絵は文脈独立的な内在的特徴を持たない。それゆえ、絵には構文論的構造がないのである。

Q&A

（Q2）**図3―4**のリンゴの絵は、だいたい同じ形をしているのではないか？　その形は絵そのものに備わる内在的特徴だから、絵にも共通の構成要素があると言えるのではないか？

（A2）確かに、厳密さの度合いを下げれば、**図3―4**のリンゴの絵も、内在的特徴として同じ形を持っていると言えるかもしれない。しかし、皮をむいていないリンゴの絵と、皮をむいて齧った跡のあるリンゴの絵では、「だいたい同じ形をしている」とすら言えないように思われる。確かに、複数の絵が内在的特徴を共有している場合もある。しかし、問題は、絵にはそうである必要性はないということである。皮をむいていないリンゴの絵を二つ描く場合であっても、それは同様である。それに対して、言語の場合には、多少は形が異なるとしても、少なくとも同じ文字として分類されるような形をしているという意味で、必ず内在的特徴が共有されている。たとえば、皮をむいていないリンゴを意味する言語的表現と、皮をむいて齧った跡のあるリンゴを意味する言語的表現であっても、それらは必ず（日本語の場合）同じ「リンゴ」である。

命題的態度の構文論的構造

それでは、心の状態は言語に類するものなのだろうか、それとも、絵に類するものなのだろうか。それとも、そのどちらでもないのだろうか。

この問いに対して多くの論者は、信念や欲求のように、表象内容を「～ということ」と表現できるタイプの心の状態に着目し、少なくともそれらの心の状態は言語的な表象である、あるいは、言語的表象を一部に含むものだと考える。「～ということ」と表現されるそれらの表象内容はしばしば「命題」と呼ばれる（「命題」という語は、哲学の中でも文脈によって異なる使われ方をすることがあるが、ここでは、構文論的構造を持つ言語的表象によって表現されている対象のことを指す。以下の「コラム命題」で補足的説明をしているので、そちらも参照してほしい）。それゆえ、それらの心の状態は、命題に対する態度という意味で、「命題的態度」と呼ばれる。それでは、命題的態度はなぜそのように言語に類するものだと考えられるのだろうか。

命題的態度の表象内容すなわち命題は、「～ということ」という言葉で十分に言い表すことができるように思われる。この点は、命題的態度が言語に類するものであることを示唆する（命題そのものは言語的表現ではなく、言語によって表現される対象であることに注意）。しかし、より強い根拠として次のようなわれわれの能力を挙げることができる。

人はふつう、剛は慎吾に電話したということを考えることができるならば、慎吾は剛に電話したということも考えることができる。これは、剛は慎吾に電話したという信念1を持っている人は、必ず、慎吾は剛に電話したという信念2を持っている、ということではない。そうではなく、信念1を持つことができるならば信念2を持つためにさらに必要な能力は何もない、ということである。これは、欲求などその他の命題的態度で考えても同様である。それでは、われわれはなぜこのようなことができるのだろうか。

それは、命題的態度に構文論的構造があるからではないだろうか。この考えによれば、信念1は、「剛」「は」「慎吾」「に」「電話した」という構成要素が文法に従って組み合わされているという構造を持ち、信念2もまた、「慎吾」「は」「剛」「に」「電話した」という構成要素が文法に従って組み合わされているという構造を持つ。それゆえ、信念1の構成要素を入れ替えるだけで、信念2の構造をつくることができる。だからこそ、信念1を持つことができれば信念2を持つこともできるのである。構文論的構造は言語にとって本質的なものである。それゆえ、以上の点は、命題的態度が言語に類するものであることを強く示唆するように思われる。

命題的態度が構文論的構造を持つということは、「心とは何か？」という問いに対していかなる帰結を持つだろうか。一つには次のことが言える。すなわち、心脳同一説や機能主義が正しいと言えるためには、脳状態もまた構文論的構造を持っていなければならないということである。なぜなら、命題的態度は言語と同様に、それ自体に備わる内在的特徴として構文論的構造を持つと考えられるからである。それゆえ、命題的態度が脳状態にほかならないのだとしたら、脳状態もまた、その内在的特徴として構文論的構造を持たなければならないのである。持つと言えるならば、それは心脳同一説や機能主義を支持する強い根拠となる。それでは、脳状態は実際に構文論的構造を持つと言えるのだろうか。持つと言えないとしたらそれはいかなる帰結を持つのだろうか。これらの点については、章を改め、第4章の第2節で詳しく扱うことにする。

コラム 命題

命題的態度の表象内容は命題であるという説明に対しては、「そもそも「命題」とは何なのか？雨が降っているという信念の表象内容は、雨が降っているという事態ではないのか?」という疑問を抱いた人がいるかもしれない。そこでここでは、ごく簡単にではあるが、命題について説明をしておこう。

命題的態度の表象内容を「事態」と呼ばずに「命題」と呼ぶのは、「事態」という語で世界に成立している事柄そのものを意味する場合には、表象内容を事態と考えることができないからである。

それを説明するために、明けの明星は太陽の周りを回っているという信念と、宵の明星は太陽の周りを回っているという信念を考えてみよう。これらの信念の表象内容は、それぞれ、明けの明星が太陽の周りを回っていることと、宵の明星が太陽の周りを回っていることであるが、それらは、世界に成立している事柄そのものとしては、金星が太陽の周りを回っているという同一の事態である。しかし、これらの信念は、一方を信じているが他方は信じていないということが可能であるようなものであり（たとえば、明けの明星と宵の明星が同じ星だと知らない場合など）、それらの表象内容、つまり何を信じているかは別である。それゆえ、それらの表象内容を世界に成立している事柄そのものと考えることはできない。そこで考えられるのが、世界に成立している事柄そのものではないが、それに類したものとしての「命題」なのである。

それでは、「それに類するもの」とは何なのか。それはいかなる存在者なのか。この問いは非常に難しい哲学的問題であり、ここで詳しく論じる余裕はない（「参考文献と読書案内」の（39）の第5章を参照）。ここでは、とりあえず、命題とはある仕方で捉えられた限りでの事態であると理解しておけばよい。

Q&A

（Q3）命題的態度の例として、信念や欲求が挙げられていたが、たとえば、水が欲しいという欲求の表象内容は水であり、命題のように「～ということ」とは表されないように思われる。欲求には、命題的態度であるものとそうでないものがあるのか？

（A3）一見するとそのように思われる。しかし、それは誤った印象である。水が欲しいという欲求は、より正確には「水を飲みたい（あるいは、水を手に入れたい）という欲求」と表現されるべきだろう。そして、その表象内容は、水を飲むこと（あるいは、水を手に入れること）という命題である。このように、一見すると対象（もの）が表象内容であるように思われる欲求もすべて、命題（こと）を表象内容とする欲求として理解し直すことができるのである。

（Q4）信念や欲求以外に命題的態度はないのか？　感情や知覚はどうなのか？

（A4）感情には、たとえば、戦争がなくならないことに対する悲しみのように命題的態度であるものと、正広に対する愛情のように命題的態度でないものがあると考えられる。正広に対する愛情は、水が欲しいという欲求のように命題的態度として理解し直すことができない。「水が欲しいという欲求」という表現は、水を飲みたい（あるいは、水を手に入れたい）という欲求の不正確な表現であるが、「正広に対する愛情」という表現は、そのように命題的態度の不正確な表現ではない。正広を愛するという感情の表象内容は、正広という対象であって、命題ではないのである。

それでは、知覚は命題的態度なのだろうか。一見すると、知覚の表象内容も「〜ということ」と表現できるように思われる。たとえば、雨の知覚の表象内容は、「雨が降っているということ」と表現できるし、目の前にある木の知覚の表象内容も、「目の前に木があるということ」と表現できるように思われる。

しかし、知覚の表象内容には、そのように「〜ということ」と表現してしまうと、抜け落ちてしまう微妙な質的要素もあるように思われる。知覚の表象内容は、そもそものように言語的に表現されるべきものではないのではないだろうか。このように、知覚が命題的態度の一つであるのかどうかに関しては、意見の分かれるところであり、この点についても現在、盛んに議論が行われている。それゆえ、ここでこの問題に対して回答を示すことは控えておこう（この議論については、「参考文献と読書案内」の（9）の Ch. 5 を参照）。

（Q5）何かが成立していると考えたり、何かが成立することを欲したりするときに、頭の中にイメージが浮かぶことがある。イメージは絵画的なものなので、それらの信念や欲求は命題的態度でないと言えるのではないか？

（A5）微妙な問題であるが、そのときの信念や欲求の表象内容を「〜ということ」と表現できるのならば、それらはあくまでも命題的態度であり、頭の中に浮かぶイメージは、それらの命題的態度そのものではなく、その付随物に過ぎないように思われる。また、表象内容を「〜ということ」と表現できないのならば、そこには「信念」や「欲求」と呼べるようなものはなく、単に頭の中に非命題的なイメージが浮かんでいるだけではないだろうか。いずれにせよ、頭の中のイメージの存在は、命題的態度でないような信念や欲求の存在を含意するものではないように思われる。

3　志向性とクオリア

さて、以上に見てきた心の志向性は、第2章で見た「意識」とどのような関係にあるのだろうか。両者はまったく無関係のものなのだろうか。両者の間に密接な関係があるとしたら、それは、それらの基本的特徴に基づいて心とは何かを考える上でのさらなる手掛かりになるのではないだろうか。ここでは、この可能性を検討したいと思う。

志向性と意識

第2章第1節でも触れたことであるが、われわれは非意識的な欲求や信念を持つことができるように思われる。これは、反省的意識を伴わないという意味でだけでなく、現象的意識を伴わないという意味でも認められることであるように思われる。これは、ある心の状態が志向性を持つことにとって、現象的意識は必要ないということ、つまり志向性にとってクオリアは本質的でないということを意味するだろう。

もっとも、志向性を持つ心の状態の中には、つねにクオリアが伴うものもあるようにも思われる。その典型は、知覚である。知覚は志向性を持つと考えられるが、知覚においてクオリアが意識に現れていないということはありえないように思われる。つまり、知覚にとっては現象的意識が本質的であるように思われるということである。これは、知覚の志向性が、欲求や信念のような命題的態度の志向性と（特にその表象内容のあり方において）異なることを示唆する。しかし、これは、志向性一般にとって現象的意識が本質的であるということを意味するわけではない。志向性そのものにとっては、意識はあくまでも本質的でないように思われるのである。

クオリアの志向説

以上で述べたように、心の状態が志向性を持つために、クオリアが伴う必要はない。それでは逆に、心の状態にクオリアが伴うときには、志向性を持つ必要はあるのだろうか。もし必要があると言えるのならば、それは、クオリアが志向性の一つのあり方として理解できるものであるということを意味するかもしれない。クオリアにとって志向性は本質的なのだろうか、それとも非本質的なのだろうか。

この問いに対する答えは、クオリアを、心の状態それ自体に備わる内在的特徴と考えるか、心の状態によって表象されている志向的特徴と考えるかによって変わってくる。クオリアを心の状態の内在的特徴と考えるならば、クオリアを伴う心の状態が志向性を持たないと考える余地は残る。たとえば、痛みの感覚それ自体はクオリアという質的特徴を備えているが何も表象していない、と考えることには何ら問題はない。このように考えることができるのならば、クオリアにとって志向性は何ら本質的でないことになる。

しかし、クオリアを心の状態の志向的特徴と考えるならば、クオリアを伴う心の状態に志向性がないということは考えられない。クオリアが心の状態の志向的特徴であるにもかかわらず、クオリアを伴う心の状態に志向性がないというのは矛盾になる。したがって、この考え方によれば、クオリアにとって志向性は本質的であることになる。このようにクオリア一般を心の状態の志向的特徴と考える立場は、しばしば、「クオリアの志向説」あるいは「クオリアの表象主義」と呼ばれる。

果たして、クオリアは心の状態の内在的特徴なのだろうか、それとも志向的特徴なのだろうか。少なくとも、知覚のクオリアに関して考える限りでは、クオリアの志向説がもっともであるように思われる。知覚においてわれわれの意識に現れてくるのは、知覚されている対象だけであり、それに加えて知覚体験そのものが意識に現れてくることはないように思われる。たとえば、赤いトマトを見ているとき、われわれの意識に現れてくるのは、赤いトマトであって、赤いトマトの知覚体験そのものではない。これはつまり、そのときわれわれの意識に現れてくる赤さは、表象内容に含まれる志向的特徴としてのトマトの赤さであって、赤いトマトの知覚体験そのものが備える内在的特徴としての赤さではないということにほかならない。このように、知覚そのものは、われわれの意識にとって「透明」であるように思われるのである。しかし、感覚のクオリアに関しては議論の余地があるかもしれない。それは、本章第1節でも見たように、感覚体験（たとえば、痛みの感覚体験）と感覚体験の対象（たとえば、痛みそのもの）という区別を認めることができるかどうかは必ずしも自明ではないように思われるからである。感覚の場合、われわれの意識に現れてくるのは、まさに感覚体験そのものの内在的特徴であるようにも思われるのである。

このようにクオリアの志向説には議論の余地があるが、多くの物的一元論者がこのクオリアの志向説を支持する。それは、それらの論者によれば、クオリアの志向説が正しければ、次のように、クオリアを物的一元論のうちにうまく位置づけることができると考えられるからである。それらの論者は、心の状態の志向性一般を物的一元論のうちでうまく説明することができると考える。心の状態の志向性を説明するとは、心の状態がある表象内容を持つのはいかにしてなのかを説明するということである。そして、志向的特徴とは、心の状態の表象内容に属し、その内容がいかなる内容であるかを決めている特徴である。したがって、ある心の状態がある表象内容を持つのはいかにしてなのかを説明できるとすれば、心の状態がある志向的特徴を持つのはいかにしてなのかを説明できることになる。それゆえ、心の状態の志向性を物的一元論の枠組みの中で説明でき、クオリアが心の状態の志向的特徴であるとすれば、クオリアを物的一元論のうちにうまく位置づけることができると考えられるのである。

それゆえ、クオリアの志向説を唱える論者たちは、しばしば、「クオリアが物的一元論にとっての問題になると考えられるのは、心の状態の志向的特徴を心の状態の内在的特徴と混同しているからである」と言う。実際、クオリアに訴えることで物的一元論に反対する論者の多くは、クオリアを心の状態の非物理的な内在的特徴と考える。したがって、クオリアが心の状態の志向的特徴であることを認め、クオリアの志向説を認めるならば、物的一元論にとってのクオリアの問題は解消するように思われる。

しかし、実際のところ、話はそう簡単ではない。まず、先にも見たように、そもそもクオリアを心の状態の志向的特徴として理解することに異論がまったくないわけでもない（この議論の詳細については、「参考文献と読書案内」の（1）の第8章や（9）のCh. 3、（21）の第4・5章も参照）。また、仮にクオリアを心の状態の志向的特徴として理解することに異論がないとしても、クオリアの志向説によってクオリアを物的一元論のうちに位置づけることができるかどうかは、とりわけクオリアを志向的特徴とするような心の状態の志向性を物的一元論のうちに位置づけることができるかどうかにかかっている。そして、それが可能かどうかは必ずしも明らかなことではない。さらに言えば、そもそも、心の状態の志向性は一般にいかにすれば説明できるのだろうか。それは、物的一元論の枠組みのうちで説明可能なものなのだろうか。この点もまた明らかではない。次節では、この問題について考えることにしよう。

4　志向性の説明

第1節でも述べたように、この世界に存在するすべてのものが志向性を持つわけではない。心の状態はいかにして何かを表象するのだろうか。それは、果たして、物的一元論の枠組みの中で説明できるようなことなのだろうか。本章の最後に、これらの点について考えることにしよう。

因果的説明

この世界に存在するすべてのものが何かを表象しているわけではないが、自然現象の中にも、何かを表していると言いたくなるような現象がある。たとえば、ある場所から煙が出ているのが見えたとしよう。それを見てわれわれは、「あの煙は火が出ていることを意味する」とか「煙は火を表す」と言うことがある。われわれはまた、「年輪は樹齢を表す」と言うこともある。この限りで、これらの煙や年輪は「自然的な表象」とでも呼ぶことができるだろう。

煙や年輪の他にも自然的表象の事例は考えることができるが、それらの自然的表象に共通しているのは、それらが表象しているのはそれらを生み出した原因であり、しかも、その因果関係は偶然的なものでなく、それらの間には安定した相関関係があるという点である。たとえば、たまたま火を原因として煙が生じたわけではなく、火がつけばたいていは結果として煙が出ると言える。ここからは、それらの自然的表象の説明として、次のような「因果的説明」が浮かび上がってくる。

因果的説明：XがYを表象するのは、YがXの原因であり、両者の間に安定した相関関係が成立するときかつそのときに限る。

この因果的説明を心の状態の志向性にも適用することはできないだろうか。つまり、心の状態XがYを表象するのは、YがXの原因であり、両者の間に安定した相関関係が成立するときかつそのときに限る、ということである。この説明によれば、たとえば、目の前の木の知覚が目の前の木を表象するのは、その知覚の原因が目の前の木であり、目の前に木があればたいていは木の知覚が生じるという安定した相関関係がそれらの間に成立するからなのである。

因果的説明が志向性の説明として妥当であるとしたら、志向性を物的一元論の枠組みの中にうまく位置づけることができるように思われる。それは、心の状態Xとその原因Yとの間の因果関係は、ある脳状態とYとの間の因果関係として理解することができ、さらに両者の間には、Yがあればたいていはその脳状態が生じるという安定した相関関係が成立するように思われるからである。そのような脳状態こそが、Yを表象する心の状態Xなのである。たとえば、心脳同一説の下では、目の前の木の知覚が目の前の木を表象するのは、目の前の木を原因として生じ、しかもそれと安定した相関関係を成す脳状態αと、その知覚が同一だからであるということになる（機能主義の場合も同じように説明される）。

しかし、この説明には難点がある。それは、この因果的説明では表象の誤りの可能性が説明できなくなってしまうという「誤表象問題」である。表象は一般に誤ることがある。たとえば、「地球は平らである」という文は誤った文であるし、ひもを蛇に見間違えたとしたら、それは誤った知覚である。因果的説明がこの誤表象の可能性を説明できないのだとしたら、それは因果的説明が志向性の説明としては不適切であることを意味する。それでは、なぜ因果的説明では誤表象の可能性を説明できないのだろうか。

この点は次のように説明できる。たとえば蛇の知覚は、知覚の対象が遠くにある場合や対象が見えづらい場合には、ひもを原因として生じることがあり、しかもそのような悪条件の下では、蛇の知覚とひもの間に、ひもがあればたいてい蛇の知覚が生じてしまうという安定した相関関係も成立するように思われる。そのような場合、蛇の知覚は誤った知覚であると考えるのが自然である。しかし、以上の関係が認められるならば、因果的説明によると、その場合、蛇の知覚は蛇を表象しているのではなく、ひもを表象していることになってしまう。というのも、その知覚を因果的説明の定義におけるXと考えたときにYに相当するのは、蛇ではなくひもだからである（それゆえ、その知覚は正確には「蛇の知覚」ではなく、「ひもの知覚」と呼ばれるべきであることになる）。この知覚が誤った知覚だと考えられるのは、それが、ひもを表象すべきところを蛇を表象してしまったと考えられるからにほかならない。しかし、因果的説明は、そもそも、この知覚が蛇を表象しているという事実を説明できないのである。このように、因果的説明は誤表象問題に直面してしまう。それゆえ、志向性の説明として適切であるとは言えないように思われるのである。

コラム　必要十分条件

以上に示した因果的説明は、「AであるのはBであるときかつそのときに限る」という形式をし

ていた。このように「Aであるのは、Bであるときかつそのときに限る」という形式の文は、

(1) 「BであるときにはAである」
(2) 「Bであるときに限りAである」

という二つの形式の文を「かつ」で結んだ連言「(1)、かつ、(2)」をさらに言い換えたものである。(1)が成り立つとき、BをAの「十分条件」と呼び、(2)が成り立つとき、BをAの「必要条件」と呼ぶ。BがAの十分条件であるとは、「Bである」が真であれば必ず「Aである」も真であるということであり、BがAの必要条件であるとは、「Aである」が真であるためには「Bである」が真でなければならない（つまり、「Aである」が真であるならば必ず「Bである」も真である）ということである。

たとえば、「自動車の運転免許証を持っていることは、一八歳以上であることの十分条件である。しかし、「一八歳以上であれば自動車の運転免許証を持っている」とは言えない（一八歳以上でも自動車の運転免許証を持っていない人はいくらでもいる）ので、一八歳以上であることは、自動車の運転免許証を持っていることの十分条件ではない。また、「自動車の運転免許証を持っているには一八歳以上でなければならない」と言えるので、一八歳以上であることは、自動車の運転免許証を持っていることの必要条件である。しかし、「一八歳以上であるには自動車の運転免許証を持っていなければならない」とは言えない（一八歳以上でも自動車の運転免許証を持っていない人はいくらでもいる）ので、自動車の運転免許証を持っていることは、一八歳以上であることの必要条件ではない。

「Aであるのは、Bであるときかつそのときに限る」ということは、BがAの必要条件であると同

時に十分条件であるということである。この場合、BをAの「必要十分条件」と言う。BがAの必要十分条件であるときには、「Bであれば必ずAである」とも「Aであれば必ずBである」とも言える。それゆえ、BがAの必要十分条件であるときには、Aが成り立つ場合とBが成り立つ場合が完全に一致する。このような必要十分条件を挙げることは、説明の一つの方法であると言えよう。以上に示した因果的説明は、このような説明の一例である。

目的論的説明

先の例における蛇の知覚は、ひもを表象すべきところで蛇を表象してしまっているがゆえに、「誤り」と評価される。誤表象問題の存在は、表象に、この「べき」で表される規範的な性格があることを示している。志向性の適切な説明は、表象のこの規範的性格をすくいとることのできるものでなければならない。しかも、それを物的一元論の枠組みの中でできるような説明は考えられるのだろうか。

それを試みる説明の一つに、「目的論的説明」とでも呼ぶべきものがある。因果的説明は、心の状態の原因に着目することによって志向性を説明しようとするものだったが、この目的論的説明は、心の状態の原因ではなく結果、すなわち行為に着目する。

目的論的説明では、信念と知覚の表象内容は、それぞれ次のように説明される。たとえば、ある信念が、目の前に水があるという表象内容を持つのは、実際に目の前に水があるときには、その信念が、水を飲みたいという欲求とともに、その欲求を満たすような行為、すなわち水を飲むという行為を引き起こすからである。同様に、ある知覚が、目の前に水があるという表象内容を持つのは、実際に目の前に水があるときには、その知覚が、水を飲みたいという欲求とともに、その欲求を満たすような行為を引き起こすからなのである（人間の場合は、この知覚がまず、目の前に水があるという信念を生み出し、その信念が、水を飲みたいという欲求とともに、水を飲むという行為を引き起こすと考えられるが、他の生物では、必ずしも信念を介さずに行為を引き起こすかもしれない。それゆえ、ここでは、信念に言及することを避けた）。それぞれ一般化すると、次のようになる。

信念の表象内容の目的論的説明：ある信念がPという表象内容を持つのは、それが、実際にPという状況が成立している場合には、Qという表象内容を持つ欲求とともに、その欲求を満たすQという行為を引き起こすような信念であるときかつそのときに限る。

知覚の表象内容の目的論的説明：ある知覚がPという表象内容を持つのは、それが、実際にPという状況が成立している場合には、Qという表象内容を持つ欲求とともに、その欲求を満たすQという行為を引き起こすような知覚であるときかつそのときに限る。

この目的論的説明によれば、ある信念が正しい信念であるかどうかは、それがそのとき実際に、欲求を満たすような行為を生み出すかどうかで決まる。たとえば、目の前に水があるという信念は、水を飲みたいという欲求があり、実際に目の前に水があるときには、その欲求を満たすような行為、すなわち、水を飲むという行為を引き起こすと考えられる。それゆえ、そのような状況では、この信念は正しい信念であることになる。それに対して、水を飲みたいという欲求はあるが、実際に目の前にあるのが毒物であるという場合には、この信念は、毒物を飲むという行為を引き起こしてしまう。それでは、欲求が満たされないので、この場合には、この信念は誤った信念であることになる。

知覚についても同じように説明される。たとえば、目の前に水があることの知覚は、水を飲みたいという欲求があり、実際に目の前に水があるときには、その欲求を満たすような行為を引き起こすと考えられる。それゆえ、そのような状況では、この知覚は正しい知覚であることになる。それに対して、水を飲みたいという欲求はあるが、実際に目の前にあるのが毒物であるという場合には、この知覚は、毒物を飲むという行為を引き起こしてしまう。それゆえ、この場合には、この知覚は誤った知覚であることになる。

このように、目的論的説明の下では、表象の規範的性格をうまく説明できるように思われる。ところで、信念と知覚の表象内容やその規範的性格に関する以上の説明の中には、ある表象内容を持つ欲求が不可欠な形で登場している。これはつまり、信念と知覚の表象内容を欲求の表象内容に基づいて説明しているということである。しかし、それでは、欲求の表象内容はいかにして説明されるのだろうか。この点が説明されなければならない。そうでない限り、心の状態の表象内容は十分に説明されたことにはならず、それゆえ、表象の規範的性格を十分に説明できたことにもならないからである。
目的論的説明は、ここで、「進化論的目的」という概念を持ち出す。目的論的説明によれば、欲求の本質は進化論的な目的に適う行為を引き起こすことにある。ある行為が進化論的目的に適っているかどうかは、それが、主体の属する生物種の生存確率を上昇させてきたような行為、つまりその生物種の自然選択に役立ってきたような行為であるかどうかによって決まる。それゆえ、欲求の表象内容は、それが信念とともに引き起こす行為のうち、主体が属する生物種の自然選択に役立ってきたような行為はどれであるかによって決まることになる。たとえば、ある欲求が水を飲みたいという欲求であるのは、それが信念とともに生み出す、水を飲むという行為が、主体の生物種の自然選択に役立ってきた行為だからにほかならない。もちろん、その欲求が誤って毒物を飲むという行為を引き起こすこともあるかもしれない。しかし、だからといって、その欲求が毒物を飲みたいという欲求であることになってしまうわけではない。欲求の本質はあくまでも進化論的目的に適う行為を生み出すことにあるからである。この説明を一般化すると次のようになる。

欲求の表象内容の目的論的説明：ある欲求がQという表象内容を持つのは、それが、信念とともに、進化論的目的に適ったQという行為を引き起こすような欲求であるときかつそのときに限る。

以上のようにして、目的論的説明は、心の状態がいかにして何かを表象するのかを説明することができ、しかも、表象の規範的性格をすくいとることができるがゆえに誤表象問題に直面せずに済む。それゆえ、目的論的説明は志向性の説明として適切であるように思われる。しかも、目的論的説明は、心の状態の志向性を進化という自然現象によって説明しようとするものであり、物的一元論の枠組みの中に位置づけることもできるように思われる。実際、目的論的説明によれば、行為を生み出している信念や欲求、知覚は、自然選択を受けてきた生物種の脳状態ということになるだろう。

しかし、まだ、物的一元論に軍配を上げることはできない。目的論的説明は、誤表象問題とは別のいくつかの問題に直面すると考えられるからである。

一つは、われわれの欲求の中には、進化論的目的に適っていない行為によって表象内容が与えられるようなものもあるように思われるという点である。たとえば、エベレストに登りたいという欲求は、進化論的目的に適った行為によって表象内容が与えられると言えるだろうか。さらに言えば、自殺をしたいという欲求は、明らかに、進化論的目的にとって不適切な行為によって表象内容が与えられるように思われる。これらの欲求の表象内容を、目的論的説明の下でいかにして説明するのだろうか。

もう一つの問題も、進化に関わるものである。進化論的目的という観点から志向性を説明するということは、進化の過程で自然選択を受けてきた生物種のみが志向性を持ちうるということである。したがって、目的論的説明によれば、人工的に作られたロボットのような存在には、志向性を持つ心の状態は成立しえないということになる。さらに、ロボットのような人工的な素材でできた存在のみならず、生物学的な素材でできた存在であっても、進化の過程を経ていないような存在は、志向性を持ちえないことになる。

たとえば、科学が進歩することによって、細胞レベルから人間のコピーをつくることができるようになったとしよう。もちろん、このようなことが本当に可能になるかどうかはわからない。しかし、この世界の自然法則によってまったくありえないこととして排除されているわけでもないように思われる。このコピー人間は、人間とまったく同じ物理的組成を持つので、人間とまったく同じように環境の中で適切にふるまうことができるし、人間とまったく同じようにものごとを「知覚」し、「信念」や「欲求」を抱くように思われる。しかし、このコピー人間は進化の過程を経ていないがゆえに、それらの「知覚」や「信念」や「欲求」の生み出す行為がコピー人間という「種」の自然選択に役立ってきたという事実はない。それゆえ、目的論的説明によれば、このコピー人間には、志向性を持つ心の状態は成立していない。つまり、このコピー人間は、何も知覚していないし、何も信じていないし、何も欲していないのである。しかし、これはあまりに排他的ではないだろうか。志向性にとって進化は何ら本質的なものではないのではないだろうか。

このように、目的論的説明にも問題がある。もちろん、これらの問題が決定的な問題であるかどうかについては議論の余地がある。しかし、少なくとも、これらの問題をうまく処理できない限り、志向性を十分に説明したとは言えず、それゆえ、志向性を物的一元論のうちに位置づけることができるとは結論できないように思われる。

Q&A

（Q6）コピー人間の心の状態は、これまで生物種の自然選択に役立ってきたような行為を生み出すとは言えないが、そのコピー人間個人の生存確率を上げるとは言えるだろう。したがって、「進化論的目的に適っている」を「主体個人の生存確率を上昇させる」として理解すれば、一種の目的論的説明が可能になり、志向性を持つ心の状態として認めることができるのではないだろうか。

（A6）なるほど。これはなかなか鋭い指摘である。このような説明が成立するとすれば、表象の規範的性格を汲みとりつつ、進化の過程の問題も回避することができるかもしれない。しかし、エベレストに登りたいという欲求のように、主体個人の生存確率をむしろ下降させる行為によって表象内容が与えられるように思われる欲求については、どのように説明するのだろうか。そもそも、心にとって生存や生命はどれくらい本質的なものなのだろうか。議論の余地はまだまだあるように思われる。

志向性の適切な理論を求めて

心の状態はいかにして何かを表象するのだろうか。ここまで、志向性の説明として因果的説明と目的論的説明を見てきたが、どちらも十分な説明であるとは結論できなかった。もちろん、それら以外にも志向性の説明はありうる。しかし、そもそも志向性は、それ以上に基本的なものによっては説明できないような、世界の究極的な基本的要素であるという可能性もある。もしそれが正しいとしたら、当然、志向性を物的一元論の中に位置づけることはできないことになる。この世界は、物理的現象を作り上げているさまざまな物理的な基本的要素と、心的現象を作り上げている非物理的な基本的要素によって構成されているということになるのである。もちろん、仮にこれが正しいとしても、それを論証するには多くの議論が必要である。いずれにせよ、志向性の問題についても、結論を出すことはまだできないように思われる。

まとめと問題

まとめ

志向性を手掛かりにして、心とは何かを考えると、少なくとも、命題的態度が言語と同様に構文論的構造を持つ存在であるということは結論できるように思われる。したがって、脳状態にも同様の構文論的構造があるとすれば、心脳同一説や機能主義といった物的一元論を支持する強い根拠が得られるように思われる。しかし、実際に脳状態に構文論的構造があるかどうかについては、第4章に議論を持ち越すこととなった。

また、心の状態が志向性を持つのはなぜかをいかにすれば説明できるのかという観点から考える限りでも、決定的な結論を出すことができなかった。可能性としては、物的一元論が正しいという可能性も二元論が正しいという可能性も残されているように思われる。

　このように、志向性に関しても多くの議論の余地が残されていると言わざるをえない。しかし、第4章に議論を持ち越しているということもあるので、第4章の主題である「合理性」に目を向けることにしよう。

問題

(1)　実際には存在しないものや人を表象内容とする表象と、実際には成立していない事柄を表象内容とする表象の具体例をそれぞれ考えよ。
(2)　構文論的構造とはどのようなものかを示した上で、命題的態度が構文論的構造を持つと考えられるのはなぜかを説明せよ。
(3)　クオリアの志向説に対する自分の考えを根拠とともに示せ。
(4)　心の志向性に関する因果的説明と目的論的説明は、それぞれ問題に直面すると考えられる。それらの問題がどのようなものであるかを説明せよ。
(5)　心の志向性に関する因果的説明と目的論的説明が、それぞれ、機能主義とどのような関係にあるかを考えよ。

第4章　心の合理性

「合理性」もまた、心の基本的な特徴の一つである。日常的に使われる「合理性」という言葉にはさまざまな意味が込められているが、「心の合理性」と言うときの「合理性」は、心の状態や行為の間のある特定のあり方を指している。詳しくは以下で示すが、ごく簡単に言うと、それは心の状態が他の心の状態や行為を理に適ったものにするという関係性である。この特徴から何かを引き出すことはできないだろうか。本章では、この合理性を手掛かりとして、心とは何かを考えていく。

1　合理性と因果性

まずは、「心の合理性」ということで何を意味しているのかを詳しく見ることから始めよう。

解釈——行為や命題的態度の合理的説明

そもそも心というものは、身体のように直接目に見えるものではない。われわれは、なぜそのような心について語るのだろうか。われわれが心の状態、その中でも特に欲求や信念といった命題的態度について語るのはどのようなときかを振り返ってみると、その一つは、人々の行為を説明するときであることがわかる。

この行為の説明において、重要な役割を果たすのが、欲求・信念などの命題的態度や行為の間に成立する理由関係である。行為は、この理由関係に基づく説明によって理に適った行為として理解できるようになる。たとえば、拓哉がデパートに行ったとする。彼のその行為は、たとえば「彼は、友人にプレゼントを買いたいという欲求と、デパートに行けば友人へのプレゼントが買えるという信念を持っていたから、デパートに行ったのだ」というように理由に基づいて説明され、理に適った行為として理解される。このように、行為を理に適ったものとして説明する際にわれわれは命題的態度について語る、と言うことができるだろう。

以上のような理由関係に基づく説明は、さらに、命題的態度そのものについても当てはめることができる。たとえば、吾郎が、犯人は剛であるという信念を持っているとする。吾郎のその信念は、たとえば「吾郎は、慎吾か剛のどちらかが犯人であるという信念と、慎吾にはアリバイがあるという信念を持っていたので、犯人は剛であるという信念を持つようになった」というように理由に基づいて説明され、理に適った信念として理解される。このように、他の命題的態度を理に適ったものとして説明する際にも、われわれは命題的態度について語ることがある。

心の哲学では、以上のように命題的態度が他の命題的態度や行為を理に適ったものにする関係性を「合理性」と呼び、そのように理に適ったものとして理解された命題的態度や行為を「合理的な」命題的態度や行為とみなす。それゆえ、以上のような合理的関係に基づく説明を「合理的説明」と呼ぶことにしよう。合理的説明は、命題的態度や行為を、ある理由に基づくものとして理解する営みにほかならない。それゆえ、合理的説明は、心の哲学においてしばしば「解釈」とも呼ばれる。

Q&A

（Q1）「彼はお腹が空いていてご飯を食べたいと思ったので、ご飯を食べた」という合理的説明が示されたとする。しかし、ご飯を食べることの理由は必ずしもそれだけではない。お腹は空いていなかったが、単に昼休みだったので食べたという場合もある。したがって、合理的説明というのは、必ずしも正しいわけではないのではないか？

（A1）（Q1）のような合理的説明が示されることによって、別の理由でご飯を食べる場合もあるということが否定されるわけではない。「その人はご飯を食べたいと思っていたからご飯を食べた」という説明は、「ご飯を食べるときには必ず、その人はご飯を食べたいと思っている」と主張するものではない。人々の行為がいかに説明されるかは、そのときどきの状況によって異なってくる。ある人が別の理由でご飯を食べたと理解できるような場合には、まさにその別の理由（欲求や信念）に言及することによって、その行為は説明されるのである。

（Q2）（A1）では、「人々の行為がいかに説明されるかは、そのときどきの状況によって異なってくる」と答えられたが、その状況による違いとは具体的にはどういうことなのか？　たとえば、剛と慎吾が哲学の授業の履修登録をしたとしよう。二人の行為は同じ行為であるが、剛の行為は「哲学を学びたかったので登録した」と説明され、慎吾の行為は「単に単位を取りたかったので登録した」と説明されるとする。なぜ二人の行為は異なる仕方で説明されるのか？

（A2）それは、剛と慎吾のその他の行動に違いがあるからにほかならない。たとえば、仮に哲学の授業が出席をとらない授業だったとしたら、剛は出席し続けるのに対して、慎吾は出席しなくなるといった違いが生じるかもしれない。だからこそ、剛と慎吾が同じように履修登録したとしても、剛の行為は「哲学を学びたかったので登録した」と説明され、慎吾の行為は「単に単位を取りたかったので登録した」と説明される。このように、解釈は、一連の行為の全体に対して与えられるのである。

以上のように、われわれは、行為を解釈する際に、行為と合理的関係を成すものとして命題的態度について語り、またそれらの命題的態度を解釈する際にも、それらの命題的態度と合理的関係を成すものとして他の命題的態度について語る。このように、合理的関係という特徴は、命題的態度にとって本質的であるように思われる。

しかし、一見すると、命題的態度や行為の間のこの合理的関係と、それらの間の因果関係の違いがわからないかもしれない。たとえば、「拓哉は、友人にプレゼントを買いたいという欲求と、デパートに行けば友人へのプレゼントが買えるという信念を持っていたから、デパートに行った」と説明されるとき、それらの欲求および信念と行為との間には前者が後者を合理化するという合理的関係が成り立っていると考えられるが、他方では、それらの欲求および信念とその行為の間には前者が後者を引き起こすという因果関係も成り立っていると考えられるだろう。同様に、「吾郎は、慎吾か剛のどちらかが犯人であるという信念1と、慎吾にはアリバイがあるという信念2を持っていたので、犯人は剛であるという信念3を持つようになった」と説明されるとき、信念1および信念2は、信念3の理由であるだけでなく、原因でもあると考えられるだろう。合理的関係とは、この因果関係と同じものなのだろうか、それとも別のものなのだろうか。別のものだとしたら、それらはどのような関係にあるのだろうか。このような疑問が生じるかもしれない。

まず言えることは、心の状態や行為の間に因果関係が成り立つからといってそれらの間に合理的関係も成り立つとは限らないということである。たとえば、ある人が、剛に対する憎しみが原因で、犯人は剛であると信じるようになったとする。この場合、剛に対する憎しみの感情と、犯人は剛であるという信念の間には因果関係が成立しているが、合理的関係は成立していない。この限りで、合理的関係と因果関係は関係そのものとしてはあくまでも別であると言うことができる。

しかし、これに対しては、次のような疑問を持つかもしれない。憎しみのあまりに犯人だと信じてしまうというようなことはありそうな話である。それゆえ、剛に対する憎しみの感情と、犯人は剛であるという信念の間の関係は、合理的な関係として理解することもできるのではないだろうか。

確かに、憎しみのあまりに犯人だと信じてしまうというようなことはありそうな話かもしれない。しかし、剛に対する憎しみの感情と、犯人は剛であるという信念の間の関係を合理的関係として認めることはできない。なぜなら、剛が憎いということは、犯人は剛であるということは、Ｐということが理に適ったものにはしないからである。Ｐという内容の信念が理に適ったものになるということは、Ｐということがよりありそうなことになる、ということである。剛が憎いということは、犯人は剛であるという信念が生じることをありそうなことにするとは言える。しかし、それだけでは、犯人は剛であるということそのものがよりありそうなことになるわけではない（そうでなければ、誰かから憎まれるだけで何かの事件の犯人だということになってしまう）。それゆえ、剛に対する憎しみの感情と、犯人は剛であるという信念の間には合理的関係は成立していないのである。

このように、心の状態や行為の間に因果関係が成り立つからといってそれらの間に合理的関係も成り立つとは限らない。もっとも、その限りでは、命題的態度や行為の間に合理的関係が成り立つ場合には必ずそれらの間に因果関係も成り立っている、という可能性は残されている。もしそれが事実だとすると、命題的態度や行為の間の合理的関係は、それらの間の因果関係を必要とし、それに支えられてはじめて成立するようなものであるという可能性がある。

実際、機能主義によれば、命題的態度や行為の間に合理的関係が成り立つと認められる場合には必ずそれらの間に因果関係も成立している。そして、命題的態度や行為の間に合理的関係が成り立つのは、各々の命題的態度が、そのような合理的関係を成立させるような機能すなわち因果的役割によって定義される機能的状態であり、実際にその機能に基づいて他の命題的態度や行為を引き起こすからにほかならない。

たとえば、友人にプレゼントを買いたいという欲求と、デパートに行けば友人へのプレゼントが買えるという信念によって、デパートに行くという行為が合理的なものとして説明されるとすれば、それは、それらの欲求と信念がその行為を引き起こすという機能で定義される機能的状態であり、実際にその機能に基づいてその行為を引き起こしたからにほかならない。同様に、AかBのどちらかが犯人であるという信念1と、Aにはアリバイがあるという信念2によって、犯人はBであるという信念3が合理的なものとして説明されるとすれば、それは、信念1と信念2が信念3を引き起こすという機能で定義される機能的状態であり、実際にその機能に基づいて信念3を引き起こしたからなのである。

以上のように、機能主義によれば、命題的態度や行為の間の合理的関係は、それらの間の因果関係に支えられてはじめて成立するものにほかならない。さらに、機能主義によれば、信念Aは脳状態αによって実現され、信念Bは脳状態βによって実現され……というように、個々の命題的態度は個々の脳状態によって実現されている。したがって、命題的態度や行為の間の合理的関係は脳状態や身体運動の間の因果関係に支えられてはじめて成立するものなのである。

果たして、この機能主義の見方は正しいのだろうか。第1章でも見た通り、因果性は心にとって本質的であるように思われる。この限りでは、機能主義はもっともな立場であるように思われる。しかし、第3章第2節でも見た通り、機能主義が正しいかどうかは、命題的態度にそれ自体に備わる内在的特徴として見出される構文論的構造（すなわち、文脈独立性のある構成要素が構成規則に従って組み合わされているという構造）が、命題的態度を実現しているとされる脳状態にも内在的特徴として見出されるかどうかにかかっている。そして、それが実際に見出されるかどうかは必ずしも自明でない。果たして、脳状態には実際に構文論的構造があるのだろうか。もし脳状態にも構文論的構造が見出せるとしたら、それは、機能主義を支持する強い根拠となるだろう。しかし、それが見出せないとしたら、機能主義は適切な立場とは言えないことになる。その場合に、われわれは命題的態度についてどのように考えればよいのだろうか。次節では、これらの点を考察しよう。

2　消去主義

本節では、第3章第2節で持ち越しになっていた問題、すなわち、脳状態は構文論的構造を持つのかという問題について、そして、その結果がどのような帰結をもたらすのかという点について見ていくことにしよう。

前節でも見たように、機能主義によれば、心の状態は脳状態によって個別的に実現されている。しかし、近年の神経生理学によれば、心の状態の中でも欲求や信念といった命題的態度は、そのように個別的に脳状態によって実現されているとは言えないように思われる。それは、以下で説明するように、命題的態度に見出される構文論的構造を脳状態に見出すことはできないからである。

その点を説明する前に、まず、構文論的構造があるとはどういうことかを簡単に再確認しておこう。構文論的構造とは、文脈独立的な（すなわち、さまざまな文脈を通して共通の）構成要素が構成規則に従って組み合わされているという構造のことである。文にはこの構文論的構造がある。たとえば、「地球は丸い」という文には、「地球」「は」「丸い」という文脈独立的な構成要素が構成規則（文法）に従って組み合わされているという構造がある。命題的態度にも、それと同じように、文脈独立的な構成要素が構成規則に従って組み合わされているという構造があると考えられる。それでは、命題的態度に個別的に対応づけられる脳状態には、なぜこのような構文論的構造を見出すことができないのだろうか。続いて、その点を説明しよう。

ニューラルネットワーク

われわれの脳は、膨大な数のニューロン（神経細胞）のネットワークである。図4―1に示すように、それぞれのニューロンはシナプスを介して他の多くのニューロンと結合している。そして、あるニューロンの興奮はシナプスを介して別のニューロンに伝達される。以下では、ニューラルネットワークを図4―2のように図式化して表現することにしよう。

各ニューロンは一群の集まりを形成し、そのニューロン群は、それに属する各ニューロンがどの程度興奮しているかによってさまざまな興奮パターンを示す。ここでは、例として、四つのニューロンからなるニューロン群の興奮パターンを考えてみよう。ニューロンの興奮度を0から1の実数で表すとすると、たとえば図4―3のパターン1は、左のニューロンから順に、0.9, 0.1, 0.5, 0.2という興奮度を示すような興奮パターンであり、パターン2は、同じく、0.6, 0.9, 0.1, 0.8という興奮度を示すような興奮パターンである。

ニューロンの興奮がどのように伝達されるかは、ニューロンを結合しているシナプスがどれくらい興奮を伝えやすいかによって決まる。この興奮の伝えやすさを「シナプスの重み」と呼ぶ。シナプスの中には興奮を抑制に変えて伝達するものもある。シナプスの重みを−1から1の実数で表す（数値がマイナスの重みを持つシナプスは興奮を抑制に変える）とすると、たとえば、重み0.5のシナプスは、0.8の興奮を0.4の興奮に変換し（これは、0.8×0.5=0.4という計算で表現できる）、また、重み−0.5のシナプスは、0.8の興奮を−0.4の興奮すなわち0.4の抑制に変換する（これも、0.8×(−0.5)=−0.4

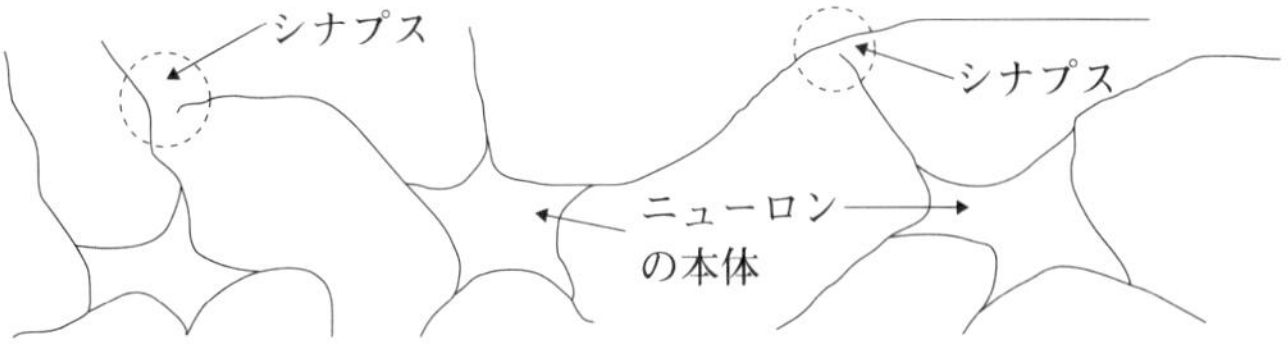
シナプス
シナプス
ニューロン
の本体

図 4—1

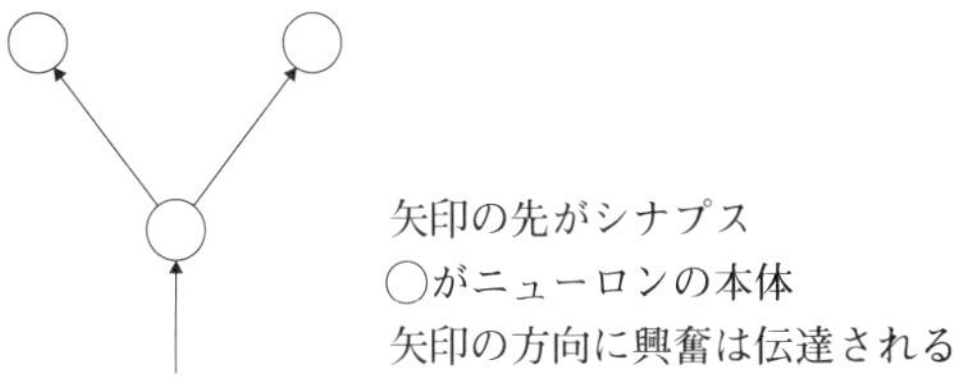
矢印の先がシナプス
◯がニューロンの本体
矢印の方向に興奮は伝達される

図 4—2

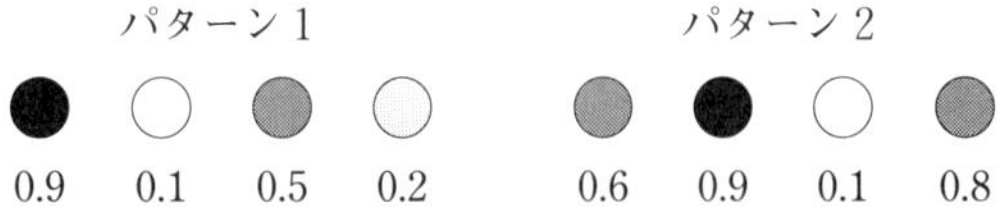
パターン 1
0.9
0.1
0.5
0.2
パターン 2
0.6
0.9
0.1
0.8

図 4—3

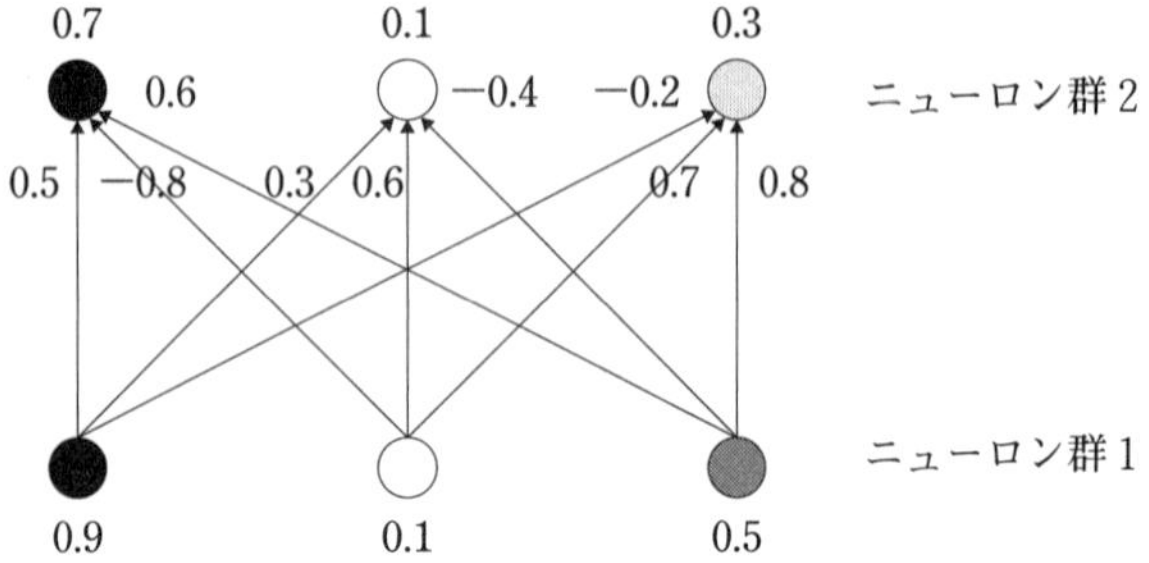

ニューロン群2の興奮パターン〈0.7, 0.1, 0.3〉は次のように計算される。

$$0.9\times0.5+0.1\times(-0.8)+0.5\times0.6=0.67\fallingdotseq0.7$$
$$0.9\times0.3+0.1\times0.6+0.5\times(-0.4)=0.13\fallingdotseq0.1$$
$$0.9\times(-0.2)+0.1\times0.7+0.5\times0.8=0.29\fallingdotseq0.3$$

図 4—4

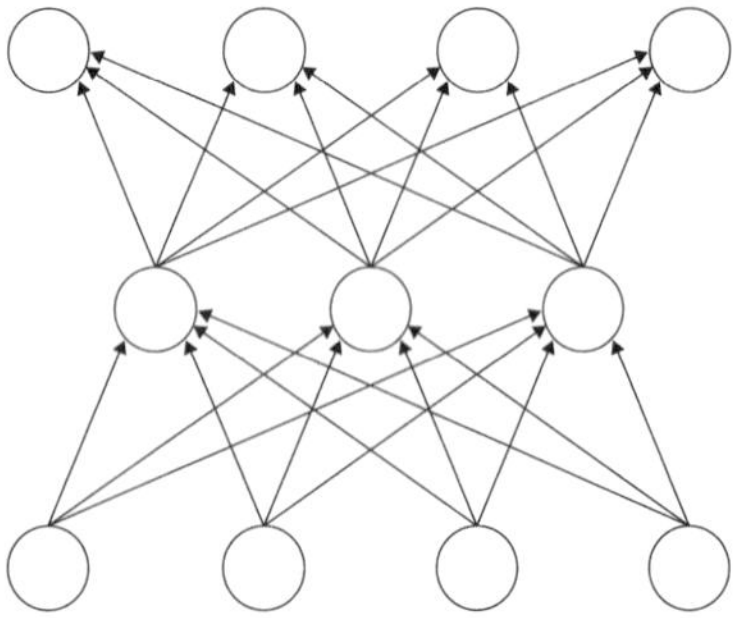

図 4—5

という計算で表現できる）。

したがって、ニューロン群の興奮パターンがどのように変換されるかは、ニューロン群の各ニューロンを結合している各シナプスの重みがどれくらいであるかによって決まる。この各シナプスの重みのあり方を「シナプスの重み配置」と呼ぶ。たとえば、**図4―4**のニューラルネットワークのシナプスの重み配置は、ニューロン群1の〈0.9, 0.1, 0.5〉という興奮パターンを、ニューロン群2の〈0.7, 0.1, 0.3〉という興奮パターンに変換するようなものになっている。

以上のようなニューラルネットワークが、**図4―5**のようにいくつも層を成しているのが、われわれの脳である。このような多層構造のニューラルネットワークは、非常に豊かな能力を発揮する。たとえば、一つのニューラルネットワークは、一人の人の顔だけではなく、何十人もの人の顔をその人の名前に対応づけることができる。これは、何十人もの人の顔と名前の対応関係の知識を蓄えることができるということである。つまり、一つのニューラルネットワークは、何十人もの人の顔と名前の対応関係を表象することができるのである。簡単なモデルでその仕組みを説明しよう。

ここでは、**図4―5**のニューラルネットワークのように、入力層のニューロン群、中間層のニューロン群、出力層のニューロン群の三層からなるニューラルネットワークで考える。まず、入力層に顔写真が入力されると、入力層のニューロン群は、ある興奮パターンを示す。この興奮パターンは、われわれが顔写真を見たときの網膜の視神経の興奮パターンに相当する。視神経の興奮パターンは、実際には、膨大な数のニューロンが二次元的に配置されたものの興奮パターンであるだろうが、ここでは単純化して四つのニューロンの一次元的な興奮パターンで表されるとしよう（図４―５の一番下の層の四つのニューロンに当てはめて考えるとよい）。たとえば、各ニューロンは、木村拓哉の顔写真が入力されると、〈0.8, 0.4, 0.5, 0.1〉という興奮パターンを示し、草彅剛の顔写真が入力されると、〈0.2, 0.7, 0.1, 0.9〉という興奮パターンを示すとする。

このような入力層の興奮パターンは、入力層の各ニューロンの興奮がシナプスを介して中間層の各ニューロンに伝達されることによって、中間層の興奮パターンに変換される。中間層の興奮パターンも同様にして、出力層の興奮パターンに変換される。出力層のニューロン群は、人の名前を発言するときに、声帯の運動を制御している運動神経の興奮パターンに相当するとしよう。これも単純化して、たとえば、「木村拓哉」という発言には〈0.2, 0.5, 0.6, 0.3〉が対応し、「草彅剛」という発言には〈0.1, 0.3, 0.9, 0.4〉が対応するというように、各興奮パターンが示されるものとする（図４―５の一番上の層の四つのニューロンに当てはめて考えるとよい）。

入力層にある人の顔写真が入力されたときに、出力層において以上のような興奮パターンを正しく出力できるとすれば、そのニューラルネットワークは、その人の顔写真と名前の対応関係を正しく認識できていると言える。つまり、その人の顔写真と名前の対応関係を表象していると言えるのである。ニューラルネットワークが興奮パターンを正しく出力できるかどうかは、ニューラルネットワークのシナプスの重み配置が適切なものになっているかどうかで決まる。もちろん、すべてのニューラルネットワークがシナプスの適切な重み配置を持っているわけではない。興奮パターンを正しく出力できないニューラルネットワークもある。しかし、シナプスの重みは経験や訓練を通して変化する。それゆえ、はじめは興奮パターンを正しく出力できなかったニューラルネットワークも、シナプスの重み配置を適切なものへと変化させていくことによって、興奮パターンを正しく出力できるようになる。このように、ニューラルネットワークは学習することができるのである。

ニューラルネットワークは、このようにシナプスの重み配置を変化させていくことによって、ある人の一つの顔写真とその人の名前を対応づけることができるようになるだけでなく、その人のさまざまな顔写真（たとえば、角度や表情の異なる顔写真など）をその人の名前に対応づけることもできるようになる。つまり、それらの顔写真に共通するその人の「顔」を識別し、その顔を名前に対応づけることができるようになるのである。しかも、シナプスの同一の重み配置がこれを可能にする。顔写真が異なれば、入力層の興奮パターンも異なる。しかし、入力層の各興奮パターンを出力層のある同一の興奮パターンに変換しているのは、同一の重み配置なのである。さらに、ニューラルネットワークは、同一の重み配置によって複数の人の顔を識別することもできるようになる。同一の重み配置のままで、複数の人の複数の顔写真を入力しても、それに対応する人の名前を適切に出力することができるようになるのである。

このようにして、一つのニューラルネットワークで、何十人もの人の顔と名前の対応関係を表象することができるようになる。さらに、われわれの実際の脳は、以上で見たようなニューラルネットワークよりもはるかに複雑である。一つのニューラルネットワークの入力層と出力層をつなぐ中間層は幾層にもなっているだろう。また、入力層が感覚器官、出力層が運動器官に相当することを考えると、入力層と出力層がそれぞれいくつもあるような構造を持っているとも考えられるだろう。このように複雑な構造を持つわれわれの脳は、人の顔と名前の対応関係だけでなく、さまざまなものごとを表象できる。しかし、そのように豊かな能力も、基本的には以上で見たような興奮パターンの変換という仕組みによって生み出されているのである。それでは、このような仕組みでさまざまなものごとを表象する脳の状態に、構文論的構造を見出すことはなぜできないのだろうか。いよいよ、この点を見ることにしよう。

脳状態の非構文論的構造

以上で見たように、ニューラルネットワークの入力層は感覚器官、出力層は運動器官に相当するので、命題的態度に相当しうる脳状態は、ニューラルネットワークの中間層かシナプスの重み配置であるということになる。したがって、正確に言えば、問題は、中間層やシナプスの重み配置に構文論的構造を見出せないのはなぜか、ということになる。

まず、シナプスの重み配置から考えてみよう。先の例のニューラルネットワークは、同一の重み配置によって、複数の人の顔と名前を対応づけることができた。これは、一つの重み配置が表象しているのは、それらの対応関係だということである。しかし、重み配置は、それらの対応関係を複数の部分で分担して表象しているわけではない。なぜなら、それらの対応づけを可能にしているのは同じ一つの重み配置全体だからである。

さらに、顔αと「木村拓哉」の対応関係の表象一つに関しても、顔αを表象する部分や、「木村拓哉」という名前を表象する部分に分けることはできない。それは、ニューラルネットワークが部分的な機能不全に強いという点に現れている。ニューラルネットワークは、ある部分が機能不全に陥っても、残りの全体によって、識別能力を維持することができる。これは、ある部分のシナプスは顔αの表象を担当し、別の部分のシナプスは「木村拓哉」という名前の表象を担当する、というような分業体制がとられているわけではないということである。これがもし分業体制であるとすると、ある部分が機能不全に陥るだけで、たとえばその部分が顔αを表象する部分であるがゆえに、まったく対応づけができなくなってしまうというようなことが生じうる。しかし、そのようなことはないのである。もちろん、機能不全に陥った部分が増えれば増えるほど対応づけの能力は落ちる。しかし、それでも、ある部分が機能不全に陥るだけで、能力がまったく失われてしまうというようなことはないのである。

以上のように、同一の重み配置は、複数のものごとを、それぞれ全体に分散して、重ね合わせるようにして表象している。それゆえ、シナプスの重み配置のうちに構文論的構造は見出せない。シナプスの重み配置には、表象の文脈独立的な構成要素が、表象内容の各部分を分担して表象しているというような構造はないのである。

それでは、ニューラルネットワークの中間層はどうだろうか。そもそも中間層のニューロン群は何を表象しているのだろうか。顔と名前の対応関係で言うと、入力層における同一人物の異なる顔写真の興奮パターンは、中間層においていったん同一の興奮パターンにまとめ上げられ、それが、名前を表す出力層の興奮パターンへと変換されていると考えられる。つまり、中間層は、ある人の「顔」そのものを表象していると考えられるのである。それでは、この興奮パターンは、ある部分は目を表象し、別の部分は口を表象し、……というような分業体制をとっているのだろうか。

答えは否である。それは、先に述べたような機能不全に対する強さが、この中間層のニューロン群にも当てはまるからである。中間層のニューロン群のある部分が機能不全に陥っても、中間層における表象能力が著しく低下するということはない。中間層のニューロン群もまた、ものごとを全体に分散して表象しているのである。この点は、顔以外のさまざまなものごとでも同様である。たとえば、中間層のニューロンが、犬が走っているということを表象しているとしても、同じように、犬を表象する部分や、走っているという状態を表象する部分に分割することはできないのである。それゆえ、中間層にも構文論的構造は見出せない。中間層にも、表象の文脈独立的な構成要素が、表象内容の各部分を分担して表象しているというような構造はないのである。

以上のように、ニューラルネットワークの重み配置にも、中間層のニューロン群にも構文論的構造を見出すことはできなかった。これは、機能主義によれば命題的態度を実現しているはずの脳状態のうちに、構文論的構造を見出すことはできないということである。

以上のように、脳状態には構文論的構造が見出せない。それゆえ、機能主義が考えるように、個々の命題的態度が個々の脳状態によって実現されていると考えることはできない。第1章で見たように、心の因果性という観点から考える限りでは機能主義が最も適切な立場であるように思われた。しかし、さらに志向性という観点から、特に命題的態度が構文論的構造を持つ言語的な表象であるという点を加えて考えると、少なくとも欲求や信念といった命題的態度に関しては、機能主義は適切な立場とは言えないということになってしまうのである。それでは、命題的態度について、われわれはどのように考えればよいのだろうか。この問いに対して、「消去主義」と呼ばれる立場は、そのようなものの存在は否定されることになると言う。なぜ命題的態度の存在は否定されることになるのだろうか。以下では、この消去主義の議論を見ることにしよう。

まず、消去主義によれば、心に関するわれわれの常識的知識の総体である常識心理学は、人々の行為を説明することをその中心的役割とする一つの理論にほかならない。そして、命題的態度を含めて心の状態は一般に、この理論の中に登場する「理論的存在者」にほかならない。この理解によれば、常識心理学と心の状態の関係は、物理学の理論と電子や陽子などとの関係に類するものであることになる。つまり、心の状態とは、電子や陽子などが、目に見えるさまざまな物理的現象を説明する物理学の理論の中に登場する理論的存在者であるのと同様に、行為という目に見える現象を説明する常識心理学という理論の中に登場する理論的存在者にほかならないのである（理論的存在者については、以下の「コラム　理論的存在者」での補足的説明も参照）。

消去主義の議論はさらに次のように続く。理論の中には、正しい理論と誤った理論がある。そして、正しい理論の理論的存在者はその実在性が認められるが、誤った理論の理論的存在者はその実在性が否定される。これは、自然科学の歴史のうちにも認められることである。たとえば、かつては、燃焼という現象を説明するために、「フロギストン」という理論的存在者が措定され、燃焼現象は、フロギストンの放出として説明されていた。このフロギストン理論の正しさが信じられていたときには、フロギストンはまさに実在する実体であると考えられていた。しかし、フロギストン理論は誤った理論であると退けられ、酸素によって燃焼を説明する理論に取って代わられた。その結果、フロギストンなるものは実は存在していなかったと考えられるようになった（それに対して、正しい理論と認められた酸素理論の理論的存在者である酸素こそが実在する実体であるとみなされるに至った）。

消去主義によれば、命題的態度はフロギストンと同じ身分にある。つまり、かつては正しいと信じられていたフロギストン理論が否定され放棄されたように、われわれが正しいと信じている常識心理学もまたその正しさを否定され放棄される。そして、かつては実在すると考えられていたフロギストンがその実在性を否定されたように、命題的態度もまたその実在性を否定されることになるのである。

しかし、なぜ常識心理学は誤った理論であると言えるのだろうか。消去主義は、常識心理学が誤った理論であると考える理由をいくつか挙げている（詳しくは「参考文献と読書案内」の（6）の第4章や（8）の第4章を参照）。その中でも代表的な理由が、まさに、脳状態には構文論的構造がなく、それゆえ命題的態度を脳状態に個別的に対応づけることはできないという点である。命題的態度は、常識心理学の理論的存在者の中でも中心的な位置を占める。常識心理学が正しい理論であり、命題的態度が実在することを認めるためには、命題的態度を脳状態として位置づけることができなければならない。しかし、命題的態度を脳状態に個別的に対応づけることはできない。それゆえ、常識心理学は誤った理論であり、命題的態度の実在性は否定されるのである。

以上のように、消去主義によれば、常識心理学は誤った理論であり、それゆえ、命題的態度の実在性は否定される。しかし、消去主義ほど、心に関するわれわれの常識に反する立場はないように思われる。われわれは本当に常識を改めなければならないのだろうか。

コラム　理論的存在者

理論的存在者について補足しておこう。理論的存在者とは、さまざまな現象を説明する理論の中ではじめてその存在の意味が与えられるようなものである。したがって、理論的存在者は、理論とは無関係にその存在の何たるかを理解できるような存在者ではない。たとえば、物理学の理論における理論的存在者である「電子」は、物理学の理論から離れてしまっては、それが何であるかを理解できないものである。同様に、「赤道」は、緯度や経度といった概念を利用する地理の理論を学んではじめてそれがどのようなものかを理解できる理論的存在者である。それに対して、ものの「色」は、たとえ色の（科学的）理論を知らなくとも、それがどのようなものかを理解することができる（直接見ればよい)。それゆえ、ものの色は理論的存在者ではない。信念や欲求といった命題的態度が常識心理学の理論的存在者であるというのは、常識心理学による行為の説明という文脈から離れてしまっては、それらの命題的態度の何たるかを理解することができない、ということである。

Q&A

(Q3) 消去主義では、命題的態度以外の心の状態はどうなるのか? たとえば、誰かに対する愛情や、痛みの感覚などは命題的態度ではないように思われるが、それらも常識心理学の理論的存在者であるという点で命題的態度と同じように扱われるのか?

(A3) 常識心理学の全体が誤った理論として否定されるとすれば、命題的態度以外の心の状態も命題的態度と同様に消去されることになるだろう。常識心理学が誤りであるとされた最も重要な理由は、命題的態度を脳状態に個別的に対応づけることができないという点にあった。それゆえ、この限りでは、常識心理学のうち、命題的態度と関係しない部分だけは生き残るように思えるかもしれない。しかし、常識心理学のうち命題的態度を扱わない部分だけを一つの理論としてうまく取り出せるかどうかについては議論の余地がある。常識心理学の中において、命題的態度以外の心の状態が命題的態度と切り離せない形で関係づけられているとしたら、命題的態度以外の心の状態と命題的態度は一蓮托生であることになるだろう。

3　解釈主義

命題的態度を脳状態に個別的に対応づけることができない以上は、消去主義の言うように、常識心理学が誤った理論であることを認め、その理論的存在者である命題的態度の存在を否定するほかないのだろうか。一見すると、それしか選択肢はないように思われるかもしれない。しかし、そう結論するのはまだ早い。

消去主義は、命題的態度を脳状態に個別的に対応づけることができないということを理由にして、常識心理学は誤った理論であると結論する。これは、常識心理学を、原因に言及することによって行為を説明する理論、すなわち、行為の「因果的理論」として理解しているからにほかならない。

常識心理学が行為の因果的理論として適切であるためには、常識心理学の描く心の状態が、行為の原因である脳状態に個別的に対応づけられなければならない。そうでなければ、第1章で見たように、常識心理学において言及される心の状態は、行為を生み出す因果関係の中で何の役割も果たさないものとして浮いてしまうからである。たとえば、常識心理学において、「拓哉は、友人にプレゼントを買いたいという欲求と、デパートに行けば友人へのプレゼントが買えるという信念を持っていたから、デパートに行った」と説明されたとしよう。しかし、そこで言及されている欲求や信念を、神経生理学において行為の原因として特定された脳状態と対応づけることができないとすると、それらの欲求と信念は、デパートに行ったという行為を生み出す因果関係の中で何の役割も果たしていないということになってしまう。それゆえ、常識心理学によるこの説明が因果的説明として適切であるためには、それらの欲求や信念は、行為の原因として特定される脳状態に個別的に対応づけられる必要があるのである。

しかし、実際には、命題的態度を脳状態に個別的に対応づけることはできない。それゆえ、行為の原因は命題的態度であるとする常識心理学は、行為の因果的理論として適切ではない。それゆえ、常識心理学は誤った理論として退けられるのである。

消去主義が常識心理学を因果的理論として理解するのは、命題的態度を、行為の原因として認められてはじめてその実在性が認められるものとして理解しているからである。たとえば、先の例において、行為を生み出す因果関係の中で何の役割も果たしていないことになってしまった欲求と信念は、消去主義によって、単にそのようなものとして存在を認められるのではなく、その実在性を否定されることになるが、それは、それらの命題的態度が、行為の原因であると認められてはじめてその実在性を認められるものとして理解されているからにほかならない。

行為の原因であると認められてはじめてその実在性を認められるものとして命題的態度を理解しているという点では、機能主義も同様である。機能主義が、命題的態度を脳状態に個別的に対応づけられるべきものとして理解するのは、命題的態度を実在するものとして理解し、その実在性を以上のように因果性に基づいて理解しているからにほかならない。消去主義と機能主義は、一方は命題的態度の実在性を否定し、他方はそれを肯定するという点で正反対の立場であるが、因果性を心の本質とみなし、心の実在性を因果性に基づいて理解しているという点では考え方を共有しているのである。

しかし、心の本質、特に命題的態度の本質は因果性にあるのだろうか。そして、命題的態度の実在性は因果性に基づいて理解されなければならないものなのだろうか。われわれには、命題的態度の本質や実在性を別様に理解する選択肢は残されていないのだろうか。

選択肢はあるように思われる。それは、合理性に、より正確に言えば、因果性から自律したものとしての合理性に、命題的態度の本質を見出すという選択肢である。実際、「解釈主義」と呼ばれる立場が、そのような考え方を提示している。解釈主義によれば、命題的態度にとって本質的なのは、解釈において認められるような命題的態度や行為の間の合理的関係が成立するということであり、そのために命題的態度や行為の間に因果関係が成立する必要はない。たとえば、ある人が友人にプレゼントを買いたいという欲求を持っているかどうかは、その人のさまざまな命題的態度や行為を合理的なものとして解釈する際に、その欲求がその人に帰されるかどうかによって決まることであって、その欲求が他の命題的態度や行為と因果関係を成しているかどうかとは関係がない。同様に、ある人がある人物にはアリバイがあると信じているかどうかは、その人のさまざまな命題的態度や行為を合理的なものとして解釈する際に、その信念がその人に帰されるかどうかによって決まることであり、その信念が他の命題的態度や行為と因果関係を成しているかどうかとは関係がない。つまり、ある人がある命題的態度を持っているということは、解釈においてその命題的態度が合理的なものとしてその人に帰されるということにほかならないのである。

このように因果性を命題的態度の本質とは考えない解釈主義によれば、命題的態度を行為の原因として認めることができないとしても、その実在性を否定する必要はない。解釈主義によれば、因果性から自律した合理性こそが命題的態度の本質である。それゆえ、たとえば、友人にプレゼントを買いたいという欲求と、デパートに行けば友人へのプレゼントが買えるという信念によって、デパートに行ったという行為が合理的な行為として説明できるのだとすれば、たとえそれらの欲求と信念を行為の原因として認めることができないとしても、それらの命題的態度の実在性は十分に認められる。命題的態度が他の命題的態度や行為と合理的な関係を形成すると解釈できるのならば、その命題的態度の実在性は十分に認められるのである。

それゆえ、因果的理論として正しいかどうかということも、常識心理学の正しさにとっては問題ではない。常識心理学による合理的説明によって、命題的態度や行為が理に適ったものとして理解できるようになるのであれば、つまり、常識心理学が命題的態度や行為の解釈理論として適切なものであるのならば、それだけで十分に常識心理学は正しい理論であると認めることができるのである。

ここまでの議論をまとめておこう。近年の神経生理学の成果によれば、脳状態に構文論的構造を見出すことはできない。それゆえ、心の本質を因果性に見出し、個々の命題的態度を、行為の原因である脳状態によって実現されているものとして理解する機能主義は誤りであることになる。しかし、だからといって、消去主義の言うように命題的態度の実在性を否定しなければならないわけではない。命題的態度の実在性を否定しなければならないように思われるのは、消去主義が機能主義と同様に、因果性に命題的態度の本質を見出し、因果性に基づいて命題的態度の実在性を理解しているからに過ぎない。われわれには、合理性に命題的態度の本質を見出し、合理性に基づいて命題的態度の実在性を理解する解釈主義という選択肢が残されている。命題的態度の実在性を否定することほど、心に関するわれわれの常識に反するものはないように思われる。この点を考慮するならば、機能主義が否定されることによってより強く支持されるのは、機能主義と同様に因果性に心の本質を見出す消去主義の正しさではなく、むしろ、合理性に命題的態度の本質を見出す解釈主義の正しさであると考えるべきではないだろうか。

Q&A

（Q4）解釈主義は、結局のところ、命題的態度をどのような存在として理解する立場なのか？心を非物理的存在として理解しているのか、それとも機能主義などと同様に、物理的存在として理解しているのか？

（A4）これは難しい問題である。物的一元論の代表的な立場である心脳同一説や機能主義のように、個々の心の状態を脳状態として理解しているわけではないという点では、解釈主義は物的一元論に対して一定の距離を置いていると言える。

しかし、だからといって、解釈主義が二元論に近い立場であることになるわけではないように思われる。二元論では、心の状態は非物理的ではあるが、あくまでも、他の心の状態や行為と因果関係を形成するようなものとして理解されている。それに対して、解釈主義によれば、命題的態度は、そもそも他の命題的態度や行為と因果関係を形成すると考えられる必要のないような存在である。それは、命題的態度が合理的説明を眼目とする常識心理学の理論的存在者として位置づけられているからである。このような理論的存在者は二元論が描くような非物理的存在とも異なるものであるように思われる。それでは、それはどのような存在なのだろうか。この点について考察を進めることは、入門書の範囲を超えていると言わざるをえない。本書を読み終えた後のさらなるステップとして位置づけてほしい（この先に参考にすべき文献については、巻末の「参考文献と読書案内」を参照）。

4　不合理性

前節では、命題的態度の本質を、他の命題的態度や行為との間の合理的関係に見出す解釈主義について考察した。しかし、命題的態度や行為はときに不合理な関係を形成するようにも思われる。このような不合理なあり方は、解釈主義においてどのように理解できるのだろうか。最後に、この点について考えることにしよう。

解釈における合理性の要請

命題的態度や行為の解釈は、それらの命題的態度や行為を合理的なものとして理解する営みである。それゆえ、ある人の命題的態度や行為を解釈するには、その人の命題的態度や行為の間に合理的関係が成り立つように理解しなければならない。これはすなわち、ある人を解釈するときに、さまざまな命題的態度や行為が合理的関係を成さないような解釈をしてしまったとしたら、その解釈はそもそも解釈としては認められず、解釈をやり直さなければならないということである。たとえば、ある人がデパートに行くという行為をしたとしよう。この行為の解釈において、タクシーを止めたいという欲求と、水を飲めばしゃっくりは止まるという信念をその人に帰しても、（少なくとも、その限りでは）それは解釈とは認められない。デパートに行ったという行為は、それらの欲求と信念が帰されるだけでは、合理的な（理に適った）行為として認めることがまったくできないからである。ある解釈が文字通り解釈として認められるためには、行為を合理的なものにする命題的態度を帰すことができなければならないのである。解釈に対するこのような要請を「合理性の要請」と呼ぶことにしよう。

合理性の要請：ある人の命題的態度や行為を解釈するには、それらの命題的態度や行為と合理的な関係を成すような命題的態度をその人に帰さなければならない。

解釈主義によれば、ある人がどのような命題的態度を持っているかは、解釈においてどのような命題的態度がその人に帰せられるかということに尽きる。したがって、解釈に以上のような合理性の要請が課せられるということは、解釈主義の下では、人々の命題的態度は、必ず他の命題的態度や行為と合理的な関係にあるものとして理解されるということになる。解釈主義によれば、他の命題的態度や行為と合理的関係を成さない命題的態度は、そもそも命題的態度として認めることができないのである。

これは単に、他の命題的態度や行為と合理的関係を成さない命題的態度をわれわれは認識することができないということではない。ある命題的態度と他の命題的態度や行為との間に合理的関係が成り立つということは、その命題的態度の認識にとって本質的なだけではなく、その命題的態度の存在そのものにとって本質的なことなのである。解釈主義によれば、「他の命題的態度や行為と合理的な関係にない命題的態度」とは、存在するが認識できないようなものではなく、もはや存在するとすら認めることのできないものにほかならない。命題的態度はその本性上、合理的なあり方をした存在なのである。

しかし、われわれの命題的態度や行為は本当に必ず合理的な関係にあるのだろうか。われわれの命題的態度や行為は必ずしも合理的な関係を成していないのではないだろうか。それらは、互いに整合しないという意味で「不合理な」関係を形成することもあるのではないだろうか。次に、そのような不合理なあり方をしているように思われる命題的態度や行為の具体例を見ることにしよう。

自己欺瞞的な信念と自制を欠いた行為

命題的態度が他の命題的態度と不合理な関係にある事例としては、たとえば次のようなものを考えることができる。剛が論文を執筆しているとしよう。そして剛は、論文提出期限まで残り一ヶ月しかないということに気付いており、しかし、論文執筆がほとんど進んでいないことも自覚しているとする。また剛は、自分が日頃から期限を守れないことが多いことも自覚していた。これらの点をすべて考慮した結果として、剛は、このままでは提出期限までに論文を完成させることはできないという信念を形成するに至った。それにもかかわらず、剛は一向に論文執筆のスピードを上げようとしない。さらには、「論文は期限までに提出したいし、このままでも提出期限までに論文を完成させることはできる」と誠実に発言する。結局、剛は、人間は追い込まれたときには今までにない力を発揮するという一般的信念や、自分が十分に追い込まれているという信念に基づいて、このままでも提出期限までに論文を完成させることはできるという信念を形成してしまった。提出期限までに完成させることができるというこの自己欺瞞的な信念は、明らかに、提出期限までに完成させることはできないという先の信念と矛盾を来している。

また、命題的態度と行為が不合理な関係にある事例としては、次のようなものを考えることができる。吾郎は、タバコが身体に及ぼす害を十分に認識しており、健康であることに価値を見出しているとしよう。これらの点をすべて考慮した結果として、吾郎は、目の前にあるタバコを吸うべきではないという信念を形成した。それにもかかわらず、吾郎は数時間後に、気分を良くしたいという欲求と、目の前にあるタバコを吸えば気分が良くなるという信念を理由として、目の前にあるタバコを吸ってしまった。吾郎のこの自制を欠いた行為は、目の前にあるタバコを吸うべきではないという信念と矛盾を来しているように思われる。

いずれの事例でも、命題的態度や行為の間の合理的関係に綻びが生じていると言わざるをえないだろう。このような状況には日常的にもしばしば出会うように思われる。解釈主義は、命題的態度や行為のこのような不合理なあり方を認めることができないのだろうか。

Q&A

(Q5) 不合理なあり方をしている命題的態度や行為の事例として、自己欺瞞的な信念や自制を欠いた行為の事例が挙げられていたが、そのような状況は本当にありうるのだろうか？　たとえば、上の事例の剛は、本当に、提出期限までに論文を完成させることはできないという信念を持ち続けているのだろうか？

(A5) (Q5) の言うように、ある人に自己欺瞞的な信念が帰せられるときには、それと矛盾する信念は実際にはもう保持していないのだとしたら、問題はないということになる。このように、一見すると命題的態度や行為の間に不合理な関係が成り立つように思える場合も、実際にはそのような関係は成り立っていないと理解できるのだとしたら、解釈における合理性の要請に何ら問題はない。

しかし、そうであるとしたら、自己欺瞞的な信念や自制を欠いた行為は、通常の合理的な信念や行為と、合理性に関して何ら違いがないということになってしまうように思われる。これはこれで問題ではないだろうか。われわれは、自己欺瞞的な信念や自制を欠いた行為に、通常の合理的な信念や行為にはない合理性の綻びを見て取っているように思われる。そして、その不合理性を適切に取り出そうとするならば、結局のところ、上の事例で示したように、命題的態度や行為の間に不合理な関係が成立することを認めることになるのではないだろうか。

局所的な不合理性

確かに、命題的態度や行為が以上のような不合理なあり方をすることはあるように思われる。この限りで、解釈における合理性の要請を文字通りに認めることはできないだろう。実際、われわれは、このような不合理性の余地を認めるような形で、人々の命題的態度や行為を解釈しているように思われる。

とはいえ、以上のような不合理なあり方は、局所的に成立する限りでのみ認められるものだと考えるべきである。このような不合理なあり方が心の大部分を占めるような解釈しかできない場合、われわれは、解釈対象を、心を持つ一人の主体として理解することができないように思われる。そのような場合に、一群の命題的態度や行為を理に適ったものとして理解するには、せいぜい、心を複数の部分に分割し、互いに整合しない命題的態度はそれぞれ別の部分に属するものとして（つまり、ある種の多重人格として）理解するしかないように思われるからである。ある人を、心を持つ一人の主体として理解するためには、その人の命題的態度や行為が大部分は合理的な関係を成すと考えなければならないように思われるのである。

したがって、解釈における合理性の要請は次のように修正されるべきである。

合理性の要請（修正版）：ある人の命題的態度や行為を解釈するには、大部分において、それらの命題的態度や行為と合理的な関係を成すような命題的態度をその人に帰さなければならない。

しかし、局所的な不合理性は、解釈の中でいかにして、不合理性のままその存在を認められうるのだろうか。

それは、大部分の合理的なあり方に「支えられる」ことによってである。つまり、ある命題的態度や行為と不合理な関係を成してしまう命題的態度も、その他の大部分の命題的態度や行為とは合理的な関係を成しているのでなければならず、それらの合理的な関係に支えられることによって、解釈の中でその存在を認められるのである。たとえば、このままでは提出期限までに論文を完成させることはできないという信念と矛盾を来してしまう剛の自己欺瞞的な信念も、人間は追い込まれたときには今までにない力を発揮するという一般的信念や、自分が十分に追い込まれているといった信念と合理的な関係を形成している。そして、それらの信念も同様に、その他の多くの命題的態度や行為と合理的な関係を形成していると考えられる。だからこそ、剛の自己欺瞞的な信念は、局所的に他の命題的態度と不合理な関係を成しつつ、解釈の中でその存在を認めることができるのである。このように、合理性というものは、全面的に合理的であるか不合理であるかのどちらかでしかないという一枚岩的なものではなく、複合的な構造を持っている。そして、その複合的な部分が互いに支え合う構造を成しているのである。

Q&A

（Q6）本節では、解釈において問題になる不合理性として、命題的態度や行為の間の不合理な関係が考察の対象とされたが、一つの命題的態度や行為がそれ単独で不合理なあり方をしていると言えるような場合もあるように思われる。たとえば、醬油を一瓶飲み干したいというような欲求は非常に不可解な欲求であり、それ単独でも不合理なあり方をしていると言えるのではないだろうか？それゆえ、このような命題的態度を帰す解釈は、その時点でやり直しをしなければならないのではないだろうか？

（A6）確かに、醬油を一瓶飲み干したいという欲求は一見する限り不可解な欲求である。しかし、それを理に適ったものとして理解する余地はあるように思われる。たとえば、その欲求が帰せられる人に、兵役を免れたいという欲求と、醬油を一瓶飲み干せば体を悪くして兵役を免れるという信念も帰せられるといった場合には、醬油を一瓶飲み干したいという欲求も理に適ったものとして理解でき、それゆえその解釈をそのまま認めることもできるのではないだろうか。このように、あくまでも他の命題的態度との関係を考慮しない限りは、ある命題的態度を帰す解釈が解釈として認められるかどうかは判断できないように思われる。

ただし、そのような不可解な命題的態度を帰すために、誤った信念をあまりに多く帰す必要が生じてしまうような場合には、やはり解釈をやり直すべきであると考えられる。というのも、たとえば、ある人に、人間とは魚であるという信念や、魚とは二本足で歩くという信念、足は羽毛でできているという信念……というように、誤った信念を数多く帰せば帰すほど、その人が「人間」や「魚」や「足」で何を意味しているのかが理解できなくなっていくように思われるからである。つまり、そのように誤った信念ばかりを帰してしまうと、それらの信念がそもそもどのような信念であるかが理解不可能になってしまうように思われるのである。それゆえ、解釈には、合理性の要請の他に次のような「真理性の要請」も課せられるように思われる。

真理性の要請：ある人の命題的態度や行為を解釈するには、大部分において、真なる信念をその人に帰さなければならない。

この要請は、要するに「誰でもだいたいは正しいことを信じていると前提しよう」という寛容な態度を求めるものであるので、しばしば「寛容の原理」とも呼ばれる。

まとめと問題

まとめ

命題的態度は脳状態によって実現されている以上、脳状態にも構文論的構造が見出されなければならないとする機能主義の主張は、近年の神経生理学の成果により否定されてしまった。この限りでは、命題的態度の実在性を否定する消去主義以外に選択肢はないように思われた。

しかし、そこには議論の余地がある。命題的態度や行為の間に合理的関係が成り立つということを手掛かりに心とは何かを考える限りでは、合理性を因果性に支えられたものとして理解する機能主義と、合理性を因果性から自律したものとして理解する解釈主義の二つの選択肢が考えられるからである。さらに、消去主義の主張が、心に関するわれわれの常識を著しく損ねるものであるということと、合理性を命題的態度の本質として考える選択肢が実際には残されているということを考慮するならば、神経生理学の成果はむしろ、解釈主義を強く支持するように思われる。

ただし、合理性を命題的態度の本質とみなす解釈主義の下では、命題的態度や行為が合理的関係を成すように解釈することが求められるがゆえに、命題的態度や行為の間の不合理な関係をいかにして認めることができるのかという疑問が生じた。しかし、この合理性の要請は、一切の不合理性を排除する完全な合理性を求めるものとして理解すべきではない。それはむしろ、局所的な不合理性を各部分が支えつつ、全体として合理性が維持されることを求めるようなものとして理解されるべきなのである。

ところで、第1章では、物的一元論の有力な立場であると考えられていた機能主義が、本章では、少なくとも命題的態度に関して否定されることになってしまった。それでは、心は一体いかなる存在なのだろうか。本書も残すところわずかになってしまったが、ここでいったん仕切り直しをして、最後の第5章では「心の認識」という観点から、改めて心とは何かを考えることにしたい。

問題

(1) 家族や友人などが実際に為した行為や実際に持っている命題的態度を解釈の対象として、行為の解釈と命題的態度の解釈の具体例をそれぞれ考えよ。

(2) ニューラルネットワークには構文論的構造を見出すことができないと考えられるのはなぜかを説明せよ。

(3) 「構文論的構造」「理論」という語を用いて、消去主義の議論を論証の形（前提と結論を明示する形）に再構成せよ。

(4) 命題的態度の実在性を守ろうとする解釈主義の議論に対して批判を考えよ。

(5) 解釈主義の下でも局所的な不合理性は認めることができるという議論に対して異論を考えよ。

(6) 解釈主義の下で、命題的態度の志向性をどのように説明しうるかを考えよ。

第5章　心の認識

われわれは、自分や他人がどのような心の状態にあるかを認識することができるように思われる。これも心の基本的特徴の一つに数えることができるだろう。一見したところでは、この特徴はごく当たり前のものであり、この特徴からは心とは何かについて重要な帰結が出てくるようには思われないかもしれない。しかし、この特徴について詳しく見ていくと、それは非常に興味深いものとして見えてくる。そこで、最後に本章では、この特徴を手掛かりとして心とは何かを考えていくことにしよう。

1　他我問題

われわれは他人がどのような心の状態にあるかを知ることができるように思われる（これを「他人

の心の認識可能性」と呼ぶことにしよう）。だからこそ、われわれは他人とさまざまなコミュニケーションをとり、ともに行動することができるのである。

これは、他人の心の状態が自分の心の状態と同じくらい即座に、手に取るようにわかるということではない。われわれは、ときに、他人がどのような心の状態にあるかを認識し誤ることがある。だからこそ、他人とうまくコミュニケーションをとれなかったり、あるいは他人を騙せたりするのである。たとえば、道路の向こう側にいる友人が、タクシーを止めたいと思って手を振っているとする。私は、友人が自分に挨拶をしていると思い、手を振り返す。しかし、友人は私に気が付かずに、タクシーに乗り込んで去っていってしまったとしよう。私は友人が何をしたかったのかを正しく認識しなかったために、友人とうまくコミュニケーションがとれなかったのである。

しかし、これは、他人の心の状態を認識することが不可能であるということを意味しない。実際、友人が自分に挨拶をしたくて手を振っていたのだとしたら、私は友人の欲求を正しく認識していたことになり、それゆえ、友人とうまくコミュニケーションをとれただろう。たいていは他人とうまくコミュニケーションをとれているということは、われわれがたいていは他人の心の状態を正しく認識できているということを示しているように思われる。

この他人の心の認識可能性は、二元論を否定する一つの大きな根拠になる。なぜなら、二元論が正しいとしたら、他人がどのような心の状態にあるのかをわれわれはいかにして知ることができるのかが不可解なことになってしまうように思われるからである。さらに言えば、そもそも他人に心があるということをいかにして知ることができるのかさえ不可解になってしまうように思われる。なぜなら、二元論によれば心とは非物理的存在であるが、われわれが他人に関して直接認識できるのは、他人の身体や脳など物理的存在だけだからである。他人の身体や脳をいくら詳しく観察しても、非物理的な他人の心は姿を現さない。それゆえ、われわれが他人の心の状態を、さらには他人の心の存在そのものを認識することは不可能であることになってしまうように思われるのである。こうして、二元論の下では、「他人の心の状態、さらには他人の心の存在そのものをいかにして知ることができるのか」という問題が生じる。この問題はしばしば「他我問題」と呼ばれる。

Q＆A

（Q1）他人の心は本当に認識可能なのだろうか？　われわれは日常的に「他人の心はわからないものだ」と感じることがある。結局のところ、われわれは互いの心の状態を認識できているわけではなく、他人の心の状態を勝手に想定してコミュニケーションを図っているだけに過ぎない。そして、それがうまくいっているのだから、他人の心が認識不可能だとしても何ら問題ないではないか？

（A1）確かに、「他人の心はわからないものだ」と感じることはある。しかし、「他人には心がないかもしれない」とまで思うことはないだろう。われわれは、少なくとも日常的には、「他人には心がある」ということを認めているように思われる。

しかし、そうであるならば、果たして本当に、他人がどのような心の状態にあるのかを一切知ることができないなどと考えることができるのだろうか。われわれは、他人がどのような心の状態にあるかをときに認識できるからこそ、他人に心があると認めることができるのではないか。このように、他人にも心があるということが心の基本的特徴の一つであると認める限り、他人の心の認識可能性もまた、容易には否定できない心の基本的特徴であると認めるほかないように思われる。

他人の心が認識不可能だと思えてしまうのは、他人の心の状態を認識できていることがあまりに当たり前であるため、ほんの氷山の一角に過ぎない認識し誤りの事例が過度に意識されるからなのではないだろうか。

2　心と行動

二元論は他我問題を解決することができないのだろうか。そもそも、われわれはいかにして他人の心の状態を認識しているのだろうか。ここでは、これらの問題を検討しよう。

類推説

二元論は他我問題に対して、次のような回答を用意するかもしれない。自分の心の状態と自分の行動の間にはある相関関係がある。たとえば、タクシーを止めたいと思っているときには、タクシーの前で手を挙げるという行動が生じる。このような相関関係は、どの人にも同じように成立しているはずである。それゆえ、他人がタクシーの前で手を挙げているのだとしたら、自分の心の状態についての知識に基づいて、他人はタクシーを止めたいと思っているのだと類推することができる。このように、間接的ではあるが、他人の心の状態を認識することは可能なのである。他人の心の認識可能性についての以上の説明は、しばしば「類推説」と呼ばれる。果たして、以上の類推説は、他人の心の認識可能性の説明として適切な説明になっているのだろうか。

二元論の下では、心と行動の相関関係を直接確かめることができるのは自分の場合だけである。したがって、類推説が、「自分に成立しているのと同じ相関関係がどの人にも成立している」と言うために訴えることのできる証拠は、この相関関係が自分には成立しているという事実だけである。

しかし、一般に、ある事柄のたった一つの事例を根拠にして、それが一般的にも成り立つと単純に結論することはできない。それが認められるとしたら、私が鰻好きであることを根拠にして、すべての人が鰻好きであると結論してもよいことになってしまう。問題の相関関係がどの人にも成り立つと言えるためには、自分以外の十分に多くの他人においても同じ相関関係が成立するという証拠がなければならないのである。

他人にも同じ相関関係が成立するということを確認するためには、直接、他人の心と行動を見比べて、関係を確かめることができなければならない。しかし、そもそもそれは、二元論では不可能なことである。それゆえ、二元論は「自分に成立しているのと同じ相関関係がどの人にも成立している」と言うことはできない。類推説によって他我問題を解決することはできないのである。

Q&A

（Q2）二元論は「自分に成立しているのと同じ相関関係がどの人にも成立している」と言うことができない、ということだったが、これは、心の状態と行動の相関関係は自分と他人で異なるということを意味するのだろうか？

（A2）「相関関係が人々の間で共通していると言えない」という主張と、「相関関係が人々の間で共通していないと言える」という主張は別の主張だということに注意すべきである（一般に、「Pとは言えない（結論できない）」は「Pでないと言える（結論できる）」とは別である）。以上の類推説批判で言われているのは、二元論の下では「自分に成立している相関関係がどの人にも成立している」という結論を根拠づけられない、ということに過ぎない。二元論とは別の考え方の下では、それを根拠づけることはできるかもしれないのである。実際、二元論とは異なり、他人の心の認識可能性をうまく説明できるような立場ならば、心の状態と行動の相関関係が人々の間で共通しているという結論を導き出すことができるだろう。

類推説で他我問題を解決することができないのは、二元論の下では、心の状態と行動の相関関係がどの人にも共通して成立しているとは言えないためだった。これは、二元論の下では、仮に心が行動とまったく無関係であるとしても構わないということである。二元論の心は非物理的存在であり、身体などの物理的存在とはまったく独立の存在であるため、心と行動に結びつきがある必要はないと考えられるのである。

行動主義

しかし、心はそのように行動と無関係なものなのだろうか。たとえば、痛みの感覚は、痛みのふるまいと切り離すことのできない結びつきを持っているのではないだろうか。痛みの感覚を持っているにもかかわらず、痛みのふるまいを一切示さないとか、(嘘ではなく) 痛みのふるまいを示すにもかかわらず、痛みの感覚を持っていないということは、痛みの概念からして理解不可能ではないだろうか。痛みのふるまいと結びついていないようなものは「痛みの感覚」とは呼べないように思われる。

「行動主義」と呼ばれる立場によれば、心にとって行動との結びつきは本質的なものである。行動主義は、この結びつきを「傾向性」という概念を用いて説明する。傾向性の例としては、「壊れやすさ」や「水溶性」を挙げることができる。行動主義によれば、壊れやすさとは、実際に壊れているということでも、また、壊れる前の状態のことでもない。それは、衝撃が加えられれば壊れる、という条件的な性質である。同様に、水溶性とは、実際に水に溶けているということでも、水に溶ける前の状態のことでもない。それは、水に入れられれば溶ける、という条件的な性質にほかならない。このように、傾向性とは、ある現象Ｐやそれを引き起こした原因の状態のように、現に成立している状態ではなく、ある条件が成立するとＰが生じるという条件的な性質ないし状態のことである。

行動主義によれば、それぞれの心の状態は、行動の原因となるような現に成立している状態ではなく、ある条件が成立するならば特定の行動が生じるという、行動への傾向性（以下ではこれを「行動傾向」と呼ぶこともある）なのである。たとえば、タクシーを止めたいという欲求は、タクシーが前に来たら手を挙げるといった行動傾向であるし、雨が降っているという信念は、外に出たら傘を差すといった行動傾向にほかならない。あるいは、イライラしているという感情も、ものごとがうまくいかないと怒鳴るといった行動傾向として理解することができる。

行動傾向にとって、行動との結びつきは本質的なものである。適切な条件が成立しても特定の行動が生じないような場合は、その行動への傾向性があるとは言えない。したがって、行動主義の下では、他我問題は生じない。他人の心の状態すなわち行動傾向は、他人の行動を観察することを通して客観的に正しく認識できると考えられるからである。たとえば、タクシーが前に来たら手を挙げるという行動傾向があるかどうかは、実際にタクシーが前に来たときにどうするかを観察すればわかるし、外に出たら傘を差すという行動傾向も、実際に外に出たらどうするかを観察すればわかる。それゆえ、行動主義では、他我問題は生じないのである。

Q&A

（Q３）行動主義は、人間の行動のすべてが心と関係していると考えているのか？　たとえば、条件反射のような行動には、心は関与していないように思われるが……。

（A３）これは行動主義を誤解している。行動主義は、「すべての行動が何らかの心の状態と関係している」と言っているわけではない。「すべての心の状態は特定の行動傾向である」と言っているだけであり、心の状態に関係しない行動もあるということは何ら否定していないのである。

（Q４）行動主義によれば、どの心の状態も何らかの行動傾向として理解される。しかし、たとえば、行動しようとして思いとどまっている状態や、ただじっと考えているだけという状態のように、行動には現れない心の状態はあるように思われる。

（A４）まず、微妙な点を一つ確認しておきたい。行動主義は、何かを考えているときには実際に何らかの行動をしている、と主張しているわけではない。行動主義が主張しているのは、ある状況になればある行動をする、ということに過ぎない。それゆえ、「ただじっと考えているだけ」といったことがありえないことになるわけではない。行動主義によれば、そのような場合も、何らかの状況になればある行動を示す（たとえば、Ｐと考えている場合は、「Ｐと思う？」と訊かれれば「はい」と答える）のである。

もしかすると、（Ｑ４）は以上のような意味での行動との結びつきをも否定する見解なのかもしれない。しかし、本当に、いかなる行動傾向もないような心の状態などありうるのだろうか。たとえば「この人は、仮にどんな状況になったとしても怒りのふるまいを示さない。しかし、実は怒っている」といった発言は意味をなすのだろうか。

心の全体論的性格——行動主義から解釈主義へ

以上のように、行動主義では他我問題は生じない。それでは、行動主義は心に関する見方として満足のいく立場だと言えるのだろうか。残念ながらそうとは言えない。ここではこの点を説明しよう。行動主義は、個々の心の状態を単独で特定の行動に対応づける。たとえば、タクシーを止めたいという欲求は、それ単独で、タクシーが前に来たら手を挙げるといった行動と対応づけられ、雨が降っているという信念は、それ単独で、外に出たら傘を差すといった行動に対応づけられる。

しかし、実際には、心の状態はそのように単独で行動と結びついているわけではなく、複数の心の状態が全体として行動と結びついているように思われる。たとえば、タクシーが前に来たときに手を挙げるのは、タクシーを止めたいと欲しているだけではなく、タクシーの前で手を挙げればタクシーは止まると信じてもいるからだろう。というのも、もしその人がそのように信じていないのだとしたら、タクシーを止めたいという欲求を抱いているとしても、その他のしかるべき理由がない限り、タクシーの前で手を挙げることはないだろうからである。さらに言えば、その人は、タクシーがどのようなものかに関する知識も持っていなければならない。このような特徴はしばしば「心の全体論的性格」と呼ばれる。これも心の基本的特徴の一つと言えるだろう。個々の心の状態を単独で特定の行動に対応づける行動主義は、この心の全体論的性格をうまく捉えることができないという点で不適切であるように思われる。

もっともこれは、心にとって行動との結びつきが本質的であるという行動主義の基本的な精神が誤りであるということではない。というのも、さまざまな心の状態の全体をまとめて、ある行動への傾向性としてとらえる全体論的な行動主義の可能性が残されているからである。そして、実際のところ、第4章で紹介した解釈主義は、この全体論的行動主義として捉え直すことができると考えられる。

解釈主義によれば、タクシーの前で手を挙げるという行為の解釈において、タクシーを止めたいという欲求や、タクシーの前で手を挙げればタクシーは止まるという信念が（実際には、その他の多くの心の状態とともに）帰せられるということが、それらの欲求や信念（およびその他の多くの心の状態）を持っているということの内実である。これは、それらの欲求や信念（およびその他の多くの心の状態）のまとまりが、全体として、タクシーが前に来たら手を挙げるという行動に対応しているということだと捉え直すことができるだろう。つまり、それらの心の状態を持っているということの全体が、タクシーの前で手を挙げるという行動への傾向性として理解されるということである。このように、解釈主義は、心の全体論的性格をうまく汲みとった全体論的行動主義として理解することができるのである。

解釈主義では他我問題は生じない。それは、このような行為の解釈を通して、他人の心の状態は認識されると考えられるからである。解釈主義は、行動主義と同様に、心にとって行動との結びつきは本質的であると考える。解釈主義は、このように行動主義と基本的な精神を共有しているがゆえに、他我問題を解消することができるのである。

Q＆A

（Q５）全体論的行動主義によれば、タクシーが前に来たら手を挙げるという行動傾向を示すならば、タクシーを止めたいという欲求や、タクシーの前で手を挙げればタクシーは止まるという信念などを持っていると言える、ということだったが、たとえば、タクシーを止めたいわけではなかったが誤って手を挙げてしまったというような場合もあるのではないか？

（A５）それはその通りである。実際には、この人が本当に、それらの欲求や信念を持っているかどうかを確定するには、その他のさまざまな行動傾向をも確認する必要がある。たとえば、タクシーを止めたいという欲求を本当に持っているかどうかは、実際にタクシーが止まったときに戸惑いを示さずにタクシーに乗り込むか、といったさまざまな行動を確認してはじめて確定できることだろう。したがって、正確に言えば、それらの心の状態の全体は、一つの行動への傾向性としてではなく、一連のさまざまな行動全体への傾向性として理解されるべきだろう。

3　自己知

われわれは、たいてい、自分がどのような心の状態にあるかを知っている。たとえば、この原稿を書いている私は、よい本を書き上げたいと思っているが、私は自分がそう思っていることを知っている。また私は、哲学を学ぶことは、思考の技術や広い視野を身につけることにつながると信じているが、自分がそう信じていることも知っている。このような自分の心の状態についての知識を「自己知」と呼ぶことにする。この自己知について詳しく考察することによって、心についての重要な帰結を引き出すことはできないだろうか。ここでは、この点について検討してみよう。

自己知の特殊性

われわれに自己知があることは、あまりに当然のことであり、なぜそれを改めて問題にするのか疑問に思うかもしれない。しかし、自己知とはどのようなものであるかを詳しく見てみると、自己知が、他人の心の状態についての知識（以下では「他者知」と呼ぶ）とはいくつかの重要な点において大きく異なることがわかる。

まず、他者知は、他人の行動の知覚とそれに基づく推論を通してはじめて獲得されるのに対して、自己知は、自分の行動の知覚やそれに基づく推論を介することなしに獲得できるように思われる。たとえば、われわれは、他人がカレーを食べたいと思っていることを、まずその人がカレー屋に入るのを見たり、その人が「カレー食べたいな」と発言するのを聞いたりして、そこから推論を経ることによって知る。これに対して、自分の心の状態は、まず自分の行動や発言を知覚し、そこから推論を経ることによってはじめて知るわけではないように思われる。それでは、われわれは自分の心の状態をどのようにして知るのだろうか。

また、自分の心の状態についての認識には、証拠に訴えるまでもなく正しい（つまり、自己知が成立する）という保証があるのに対して、他人の心の状態についての認識には、そのように証拠に訴えるまでもなく正しい（つまり、他者知が成立する）という保証がないように思われる。この点も、自己知の特殊性として挙げることができる。もちろんこれは、他人の心の状態についての認識がつねに誤っているということではない。たいていは正しく認識できているからこそ、われわれは他人と協力することができる。しかし、一つ一つの認識について考えたときには、どの認識にも、証拠に訴えるまでもなく正しいという保証はないように思われる。それに対して、自分の心の状態についての認識の場合には、事実としてたいていは正しく認識できているというだけでなく、一つ一つの認識についても、証拠に訴えるまでもなく正しいという保証があるように思われる。しかし、それはなぜなのだろうか。

Q&A

（Q6）他者知であっても、行動の知覚を経ずに得られることがあるのではないか？　たとえば、友人が単位を取りたいと思っていることや、友人の性格等を知っていれば、さらに行動を知覚することなく、その友人が次の授業に出たいと思っていることもわかるのではないか？

（A6）まったくその通りだと思う。この意味では、他者知に行動の知覚が必要であるとは必ずしも言えない。しかし、行動の知覚を必要としないこの他者知も、それを必要とする他の何らかの他者知（たとえば、友人が単位を取りたいと思っていることの知識がまさにそれかもしれない）を前提として推論しなければ得られないという意味では、行動の知覚を必要とすると言える。それに対して、自己知は、このような意味でも行動の知覚を必要としないだろう。

（Q7）自分の行動を知覚し、そこから推論を経ることによって、自分の心の状態についての知識を獲得することもあるのではないか？　たとえば、それまでは意識していなかったのだが、これまでの自分の行動を振り返ってみてはじめて、自分がある人を愛していることを知るという場合もありうるのではないか？

（A7）確かに、そういう場合もあるだろう。その場合の自己知は、他者知と同じような知識であると考えられる。しかし、大部分の自己知がこのようなあり方をしているとは考えられないだろう。

大部分の自己知は、自分の行動の知覚とそれに基づく推論を経ることなく得られると考えられないだろうか。

不可謬性と自己告知性

自己知にはなぜ他者知にない特殊性があるのかを考える前に、自己知の特殊性をもう少し詳しく把握しておこう。まず、自己知には次のような不可謬性と自己告知性があると考えられる。

不可謬性：Ｓが自分は心の状態Ｍにあると信じていれば、Ｓは心の状態Ｍにある。
自己告知性：Ｓが心の状態Ｍにあれば、Ｓは自分が心の状態Ｍにあると信じている。

不可謬性と自己告知性の定義にはどちらにも、自分は心の状態Ｍにあるという信念が出てくるが、このような、心の状態についての心の状態を「二階の心の状態」と呼ぶことにしよう（同様に、二階の心の状態についての心の状態は「三階の心の状態」と呼び、三階の心の状態についての心の状態は「四階の心の状態」と呼ぶことにしよう）。そして、自分は心の状態Ｍにあるという二階の信念をＢ（Ｍ）と表すことにしよう。

ＭとＢ（Ｍ）を用いて、不可謬性と自己告知性を表現し直すならば、次のようになる。まず、不可謬性とは、Ｂ（Ｍ）があるときには必ずＭもある、ということである。これはつまり、Ｂ（Ｍ）という信念は誤りではありえないということである。それゆえ、この特徴は「不可謬性」と呼ばれるのである。また、自己告知性とは、Mがあるときには必ずB(M)もある、ということにほかならない。これは、Mは必ず自らの存在を告げ知らせるようにB(M)を生み出すということである。それゆえ、この特徴は「自己告知性」と呼ばれるのである。

しかし、これだけでは、今ひとつ両者の意味するところや、両者の違いがわからないかもしれない。それゆえ、もう少し詳しく見ておこう。

まず、不可謬性が成立する場合には、B(M)があるときには必ずMもあると言えるが、Mがあるとしても B(M)があるとは限らない。つまり、不可謬性が成立しているだけでは、たとえば、ある人と結婚したいという欲求を持っているが自分はその人と結婚したいという欲求を持っているとは信じていないという場合のように、自己告知性が成立していないような状況は排除されないのである。そのような状況を表したのが**図5—1**である。そこでは、B(M)があればMもあると言えるが、M4やM5のように対応するB(M)がないMもあるので、MがあればB(M)もある、とは言えない。このような状況は、不可謬性が成立しているが、自己告知性は成立していない状況である。

M1　…　B(M1)
M2　…　B(M2)
M3　…　B(M3)
M4　…
M5　…

図5—1

それに対して、自己告知性が成立する場合には、Mがあるときには必ずB(M)もある言えるが、B(M)があるとしてもMがあるとは限らない。つまり、自己告知性が成立しているだけでは、たとえば、自分はある人と結婚したいという欲求を持っていると信じているが実際にはその人と結婚したいという欲求は持っていないという場合のように、不可謬性が成立していないような状況は排除されないのである。そのような状況を表したのが**図5―2**である。そこでは、MがあればB(M)もあると言えるが、B

M1	…	B(M1)
M2	…	B(M2)
M3	…	B(M3)
	…	B(M4)
	…	B(M5)

図5―2

M1	…	B(M1)
M2	…	B(M2)
M3	…	B(M3)
M4	…	B(M4)
M5	…	B(M5)

図5―3

(M4)やB(M5)のように対応するMがないB(M)もあるので、B(M)があればMもある、とは言えない。このような状況は、自己告知性が成立しているが、不可謬性は成立していない状況である。

　それゆえ、不可謬性と自己告知性が両方とも成立する場合には、B(M)があるときには必ずMもあると言えると同時に、MがあるときにはB(M)もあるとも言えることになる。つまり、**図5―3**に示すように、一階の心の状態Mとそれについての二階の信念B(M)が一対一にぴったり対応し、どちらか一方だけ成立しているという場合がないことになるのである。

　伝統的なある見方によれば、意識的であることは心の本質である。これは、Mがあるときには必ず、Mを意識する心の状態つまりB(M)もあるということであり、したがって、この見方によれば、完全な自己告知性が実際に成立する。また、この見方によれば、心が自らの現在の状態について持つ意識は最も確かな知識を生み出す。これは、B(M)があるときには必ず、それは正しい、つまり実際にMもあるということであり、要するに、完全な不可謬性が実際に成り立つということである。

　しかし、現代のほとんどの論者は、完全な不可謬性や自己告知性を認めない。それらの論者たちは、たとえば完全な不可謬性の反例として、以下のようなものを挙げる。

まずは、次のような自己欺瞞の存在である。剛は絵を描くことが何よりも好きで、画家になりたいと思っていた。しかし、剛の父親が病気になり、剛は家業を継ぐかどうか決断を迫られることになった。剛は、家業を継ぐことが嫌だったが、家業を継がないのは両親を悲しませることになると考え、家業を継がざるをえないと考えるようになった。剛は、いやいや家業を継ぐのはつらいので、できるだけ家業のよいところを意識して、無理にでも、家業を継ぎたいと思えるようになろうと努力した。その結果、いつの間にか剛は、人に訊かれれば、「自分はもう画家になりたいとは思っていない。家業を継ぎたいと思っている」と本気で答えるようになった。しかし、友人たちの目から見ると、剛が一番楽しそうにしているのは絵を描くときであり、実際、剛はしばしば家業よりも絵を描くことを優先し続けていた。それゆえ、彼らからすれば、剛は本当は今でも画家になりたいという欲求を持っていて、それを本気で否定しているのは自己欺瞞であるとしか思えなかった。つまり、剛は、自分は家業を継ぎたいという欲求を持っていると信じているが、実際にはそのような欲求を持っていない、ということである。

また、心の情報処理過程のほとんどが無意識的なものであり、多くの自己報告は信頼できないということを示唆するある認知心理学の実験結果も同様に、反例として挙げることができる。この実験で、被験者たちはまず単調で退屈な仕事を一時間やらされた。そして、謝礼を受けとる代わりに、次の被験者に「作業は面白かった」と言うよう強制された。謝礼は一ドルの場合と二〇ドルの場合があった。

そして最後に、作業が実際に面白かったかどうかを尋ねられた。回答の結果は、一ドルを貰った方が、二〇ドルを貰った方よりも作業を面白かったと評価した、というものだった。認知心理学者たちは、この結果を次のように解釈する。二〇ドルを貰った被験者たちは、報酬の額が十分だったので、つまらない作業をやらされたという状況に満足することができた。しかし、一ドルしか貰えなかった被験者たちはそれでは満足できず、つまらない作業をやらされたという状況を何とか正当化する必要が生じた。そのために、本当は、つまらなく感じていたにもかかわらず、無意識のうちに評価を肯定的な方向に変えたのである。つまり、これらの被験者たちは、自分は面白く感じたと信じているが、実際にはそのような感情を抱いてはいなかった、ということである。

これらの反例は、完全な自己告知性に対する反例にもなる。たとえば、自己欺瞞の事例の剛は、画家になりたいという欲求を持っているが、自分は画家になりたいという欲求を持っているという信念は持っていない。

もっとも、以上の事例は、不可謬性や自己告知性が完全に成り立つわけではないということを支持するに過ぎず、不可謬性や自己告知性がほとんど（あるいは、まったく）成り立たないということを支持するわけではない。実際、概ね不可謬である、あるいは概ね自己告知的である、という意味での弱い形の不可謬性と自己告知性ならば成り立つと考えられるだろう。というのも、不可謬性や自己告知性が大部分において成立していないということは、それらの反例として挙げられた自己欺瞞的な状況が、心のあり方の大部分を占めるということであり、そのように大部分が不合理な心のあり方をした主体は、第4章第4節でも見たように、もはや一人の主体としては理解できない（せいぜい、ある種の多重人格としてしか理解できない）ように思われるからである。これでは、正しく認識できていないのは単に他人の心の状態に過ぎないことになり、そもそも自己知の問題ではないことになってしまう。あくまでも自分の心の状態を問題にしている限りは、完全ではないにしても、かなりの程度の不可謬性と自己告知性が成り立つということは否定できないように思われるのである。

実際、反例として挙げられたものは、われわれの心の状態のあり方の氷山の一角でしかないように思われる。それらの反例によって、不可謬性と自己告知性がほとんど成立しないことが示されたように思われるとしたら、それは、自己知が成り立つケースがあまりに当たり前であるために取り立てて意識されることがないのに対して、不可謬性や自己告知性の反例となるケースは希なケースであるがゆえにとりわけ意識されるからではないだろうか。

Q&A

（Q8）自己告知性が成立するということは、それほど自明なことなのだろうか？　第3章で見た表象主義が主張するように、痛みの感覚が身体状態としての痛みを表象する心の状態だとしたら、痛みそのものは生じているが、痛みの感覚は生じていないという状況がありうることになる。これは、自己告知性が成立していない事例になるのではないだろうか？

（Ａ８）（Ｑ８）には誤解がある。自己告知性が成立するということは、痛みの感覚があるときには必ず、自分は痛みの感覚を体験しているという信念が生じているということであって、身体状態としての痛みが生じているときには必ず痛みの感覚も生じているということではない。痛みの感覚について表象主義を採るとしても、痛みの感覚があるときには必ずそれについての信念が生じているということは十分に認めうることではないだろうか。

（Ｑ９）自己告知性の定義を文字通りにとると、主体は二階の信念についての三階の信念も持っていることになり、さらに、三階の信念についての四階の信念も持っていることになり、……というように無限の心の状態を実際に所有していることになってしまう。しかし、無限個の心の状態が実際に生じているという事態は、神とは異なり有限な存在である人間にとっては認めがたいように思われる。それゆえ、この定義は不適切なのではないか？

（Ａ９）確かにその通りである。それゆえ、「自己告知性」で意味しているのは、必ずしも二階の信念を実際に形成しているということではなく、二階の信念を（実際に形成していないとしても）いつでも知覚や推論を介さずに形成できるということに過ぎないと考えるべきだろう。以下では特に断り書きしないが、定義を文字通りには読まず、以上のように理解してほしい。

直接性

さらに、自己知の特殊性としては、次のような直接性も挙げることができる。

直接性：自分が心の状態Mにあるという S の信念は、Sが心の状態Mにあるという他人の信念と異なり、直接的に形成される。

この「直接的」とは具体的にどのようなものだろうか。

まずは先にも確認したように、Sが心の状態Mにあるという他人の信念は、Sの行動の知覚やそれに基づく推論を介して形成されるのに対して、自分が心の状態Mにあるという S の信念は、そのような行動の知覚やそれに基づく推論を介さずに形成されるという点を挙げることができる。たとえば、他人は、タクシーの前で手を挙げるといったSの行動を知覚し、それに基づく推論を介して、Sはタクシーを止めたいという欲求を持っていると信じるようになる。それに対して、Sは、自分がタクシーを止めたいという欲求を持っていることを、そのような行動の知覚やそれに基づく推論を介して信じるようになるわけではない。

確かに、自己知は行動の知覚やそれに基づく推論を介さずに得られるように思われる。しかし、自己知は知覚体験や感覚体験を一切介さずに得られるものなのだろうか。ここで考え方が分かれる。ある考え方では、自己知はいかなる知覚も感覚も介さずに得られる。しかし、伝統的な別の考え方によれば、自己知は、「内観」というある種の知覚を介して得られる。

自分がタクシーを止めたいという欲求を持っていることの内観
↓〈**非推論的過程**〉
自分はタクシーを止めたいという欲求を持っているという（内観に基づく）信念

図５―４

Ｓがタクシーの前で手を挙げていることの知覚
↓〈**非推論的過程**〉
Ｓがタクシーの前で手を挙げているという（知覚に基づく）信念
↓〈**推論**〉
Ｓはタクシーを止めたいという欲求を持っているという信念

図５―５

この伝統的な見方によれば、自分が心の状態Ｍにあるという信念は、自分の心の状態Ｍの内観に基づいてまずはじめに形成される信念にほかならない。そして、この信念が形成される過程は、**図５―４**に示すように、非推論的な過程であると考えられる。

このように非推論的過程であると考えられるのは、通常の知覚に基づいてまずはじめに信念が形成される過程も、非推論的だと考えられるからである。たとえば、タクシーの前で手を挙げるというＳの行動の知覚に基づいて、最終的に、Ｓはタクシーを止めたいという欲求を持っているという信念が形成される過程においても、まずは、**図５―５**に示すように、知覚に基づいてそのまま非推論的に、Ｓがタクシーの前で手を挙げているという信念が形成されると考えられる（そして、Ｓはタクシーを止めたいという欲求を持っているという信念は、この、Ｓがタクシーの前で手を挙げているという信念から、推論を介して形成されると考えられる）。伝統的な見方によれば、自分が心の状態Ｍにあるという信念は、これと同じようにして、自分の心の状態Mの内観に基づいて非推論的に形成されるのである。

しかし、「内観」とは何なのだろうか。「内観する（introspect）」の原語は、「内側を見る（looking within）」という意味のラテン語 *introspicere* である。この表現からは、「内的」な心的世界と「外的」な物理的世界という二元論的な区別が示唆されるとしばしば考えられてきた。それゆえ、二元論に疑いが生じる限りで、内観の存在に対しても疑いが生じる。そのため、現代の論者の中には、内観の存在を認めることに慎重な態度を示し、自己知はいかなる知覚も感覚も介さずに得られると考える論者が少なくない。

さて、ここまで自己知の特殊なあり方について詳しく見てきたが、自己知はなぜこのようなあり方をしているのだろうか。最後に次節において、この点を考えることにしよう。

Q&A

（Q10）以上のように特徴づけられた自己知は、信念、欲求、感情、知覚、感覚といったあらゆる種類の心の状態について成立するものなのだろうか？　それとも、一部の心の状態のみを対象とするものなのだろうか？

（A10）多くの論者は、あらゆる種類の心の状態を対象とすると考える。ただし、心の状態の種類によって、自己知が成立しないケースの想定しやすさには違いがあるように思われる。まず、知覚や感覚に関してそれを想定することは、信念の場合よりも難しいように思われる。また、自己欺瞞の事例として念頭に浮かぶ事例の多くが欲求や感情をその対象としているという点を考えると、自己知が成立しないケースを想定することは、信念よりも欲求や感情の方がさらに容易であるようにも思われる。なぜこのような違いがあるのだろうか。ここで詳しく考察することはできないが、これは検討する必要のある重要な問題であると思う。

（Q11）以上のような自己知は、現在の心の状態のみを対象とするのだろうか？　それとも、過去の心の状態（現在はもはや所有されていない心の状態）をも対象とするのだろうか？

（A11）多くの論者は、現在の心の状態が自己知の典型的な対象であると考える。確かに、自分の過去の心の状態については、認識し誤ることがないという保証はないように思われる。しかし、たいていは、自分の過去の心の状態を知るために、何らかの知覚やそれに基づく推論を介しているわけでもないように思われる。また、過去の自分と現在の自分が別人格とはみなされないのがふつうである限りで、事実として、過去の心の状態についてもかなりの程度の自己知が成立していると考えられる。ここで詳しく考察することはできないが、そこには、記憶のはたらきが大きく関与しているのではないかと思われる。

4　自己知の説明

さて、以上のような自己知はなぜ成立するのだろうか。いかにすれば自己知が以上のようなあり方をしているということを説明できるのだろうか。

知覚モデル

直接性の説明の中で、自己知を内観というある種の知覚に基づくものとして理解する立場に触れた。この内観は、伝統的に多くの哲学者たちが自己知の特殊性全般を説明するための道具として採用してきたものである。それゆえ、その説明はしばしば「知覚モデル」と呼ばれる。知覚モデルによれば、自己知の特殊性は以下のように説明される。

まず、自分が心の状態Mにあるという二階の信念は、心の状態Mが内観されることに基づいて非推論的に形成される。これが、自己知の直接性の内実である。また、知覚に基づいて非推論的に信念が形成される過程には、通常、誤りが入り込むことはないと考えられる。たとえば、雨が降っているのを知覚すれば、そのまま、雨が降っているという信念が非推論的に形成されると考えられる。この点は、知覚の一種である内観の場合でも同様である。そして、内観は不可謬である。それゆえ、不可謬性が成立する。さらに、内観の対象である内的な対象は、つねにそれについての内観が成立しているような存在である。そして、内観が生じるときには必ず、それに基づく信念が非推論的に形成される。それゆえ、自己告知性が成立するのである。

しかし、このような知覚モデルの説明には、次のような疑問が生じる。内観が不可謬であるのはなぜなのか。また、内観の対象が、つねにそれについての内観が成立しているような存在であるのはなぜなのか。

これに対して、知覚モデルの論者は、次のように二元論に訴えることで、それを説明しようとするかもしれない。内観の対象である心は、非物理的存在であり、通常の知覚の対象である物理的存在とは根本的に異なる。だからこそ、内観は知覚にない特殊性を備えているのである。

しかし、二元論に訴える以上の説明は満足のいくものではない。まず、これまで確認してきたように、二元論は多くの問題を抱えている。何よりも、自己知の特殊性を説明するために、他我問題を抱える二元論に訴えてしまっては、失うものが大きすぎる。さらに、仮に二元論が抱える問題をいったん脇に置くとしても、この説明はほとんど説明になっていない。知覚の対象が非物理的な存在であるとすると、なぜその知覚は不可謬になるのか。また、非物理的な存在はなぜ、つねにそれについての知覚（内観）が成立しているような存在と言えるのか。これらの点がまったく説明されないまま、ただ前提されているだけであるように思われる。もちろん、これらの説明が与えられる可能性が排除されているわけではない。しかし、これらの説明が与えられていない以上は、知覚モデルの説明は満足のいくものであるとは言えないように思われるのである。

自己知の適切な説明を求めて

知覚モデルが自己知の説明として不適切であるとするならば、自己知はどのように説明されるべきなのだろうか。自己知の適切な説明を求める議論は現在進行中であり、ここで結論を提示することはできない。しかし、少なくとも、考察を進める上で踏まえておくべきいくつかの基本的な点を確認することはできるように思われる。

まず、以上で見たように、単純に二元論に訴えて自己知を説明することはできない。それでは、他我問題が生じない解釈主義の枠組みで、自己知の説明を試みればよいのだろうか。こちらも単純に受け入れることはできない。解釈主義における心の状態の知識の典型は、解釈に基づく知識であり、これは、まさに行動の知覚やそれに基づく推論を通して獲得されるものだからである。仮に、自分の行為に関するすべての解釈を完璧に行う「完璧な自己解釈者」なるものが存在するとすれば、不可謬性と自己告知性は説明できるかもしれない。しかし、完璧な自己解釈者であっても、解釈に基づいて自分の心の状態を認識する以上は、自己知の直接性をうまくすくいとることはできないのである。

これはつまり、他我問題と自己知の問題をともに解決するには、他者知と自己知を異なるあり方の知として説明しつつ、それらの知の対象である心そのものは同じあり方をした存在として理解することができるような説明が必要だということである。これが物的一元論の枠組みのうちでできることなのか、それとも、物的一元論とは異なる新たな枠組みを必要とするものであるのかは明らかではない。

しかし、いずれにせよ、自己知が持つとされる特殊性を含めて、これまでの議論において前提とされてきた事柄を一つ一つ改めて吟味することが必要なのは確かであるように思われる。

まとめと問題

まとめ

「心の認識」という観点から心について考察すると、「他人の心の認識可能性」という特徴と「自己知の不可謬性・自己告知性・直接性」という特徴が心の基本的特徴として見えてきた。

まず、他人の心の認識可能性を手掛かりにして、心とは何かを考える限りでは、他我問題を生じてしまう二元論は適切な立場ではないと評価されるのに対して、行動との結びつきを心の本質と考えることで他人の心の認識可能性を説明しつつ、心の全体論的性格をもうまく汲みとることのできる解釈主義は、適切な立場であると評価された。

しかし、自己知の不可謬性・自己告知性・直接性を手掛かりにして、心とは何かを考える限りでは、解釈主義を含めて、それらのすべてをうまく説明できるような適切な立場を挙げることができなかった。もちろん、これはそれらを説明できる立場はありえないということではない。しかし、これらの自己知の特殊性を説明するという問題が、議論の前提の再検討も含めて、多くの議論を必要とする問題であることは間違いない。

問題

(1) 二元論は他我問題に直面すると考えられる。他我問題とはどのような問題であるかを説明した上で、なぜそのように考えられるのかを説明せよ。

(2) 二元論は類推説で他我問題を解決することはできないと考えられる。類推説とはどのような考えかを説明した上で、なぜそれでは他我問題を解決することができないのかを説明せよ。

(3) 心の全体論的性格とはどのような特徴のことであるかを説明せよ。

(4) 不可謬性と自己告知性とはどのような特徴であるかを説明した上で、それらが成立していないような状況の具体例をそれぞれ考えよ。

(5) 自己知には不可謬性・自己告知性・直接性があるという前提が妥当であるかどうかを改めて考えよ。

おわりに――結局のところ答えは出せるのか？

以上で見てきたように、「心とは何か？」という問いに対して、われわれは現状では決定的な答えを出すことができない。心の基本的な特徴の中には、物的一元論を支持するものと二元論を支持するものが混在しているだけでなく、そのどちらかによって説明できるのかどうかさえ明らかでないようなものもあるように思われる。この現状をわれわれはどのように考えればよいのだろうか。最後に、この現状に対してしばしば生じる二つの疑問に答えることによって今後の展望を示し、本書を締めくくることにしたい。

（Q1）決定的な答えが出せないのは、「心は物理的か非物理的か」という完全な二分法で考えているからではないか？　心は、そのような二分法の下で理解できるような単純なものではなく、一つの観

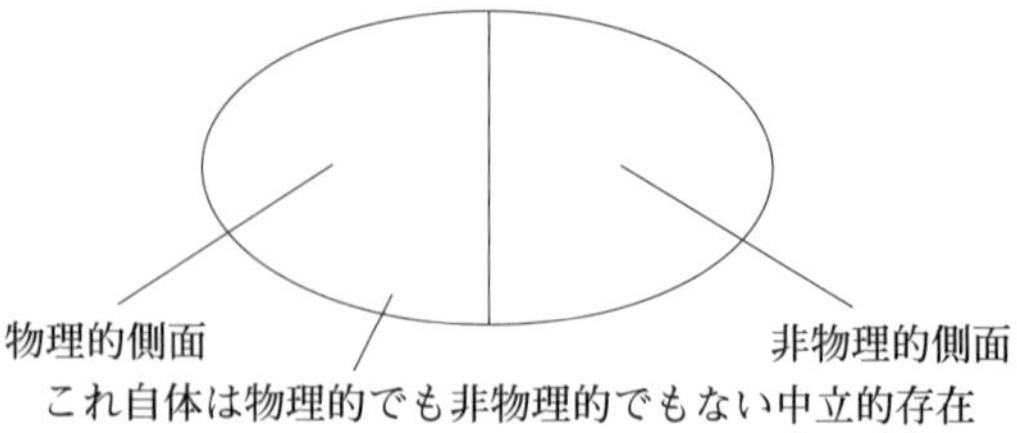

図終—1

点からは捉えきれない多様なものなのではないか？

（A1）確かに、心が多様なものであると考える余地はある。「心は物理的か非物理的か」という完全な二分法をとる必要はないかもしれない。しかし、単純に「多様なもの」と言って議論を終わりにすることはできない。まず、その多様性が単なる多様性ではなく、「物理的なもの」と「非物理的なもの」というまったく異なるものからなる多様性であるとしたら、なぜそのようにまったく異なるものが同じ「心」とみなされるのか、といった問いに直面せざるをえない。（Q1）は、この問いに対してどのように答えるのだろうか。

その問いに対しては、「心そのものは物理的でも非物理的でもない中立的な存在であり、その中立的存在が物理的側面と非物理的側面を持っているのである」と答えるのかもしれない。実際、「中立一元論」と呼ばれる立場はこのように考える（**図終—1**を参照）。

しかし、その場合であっても、その中立的存在とは何なのかを明らかにする必要がある。このように、心を多様なものとして理解することが可能だとしても、そこにはさらなる問題が待ちかまえている。

（Q２）そもそも、「心とは何か？」という問いの答えは、人々の考え方次第であって、一つの客観的な答えにまとめ上げることなどできないのではないか？

（A２）確かに、そのように考える余地はある。そのように、ある問題に対して「答えは人々の考え方次第」と回答する立場は「相対主義」と呼ばれ、問題によっては、多くの人がこの立場を支持する。たとえば、どのスポーツが最も楽しいスポーツであるかは、通常、人々の考え方次第であり、一つの（非相対的であるという意味で）客観的な答えがあるとは考えられないだろう。これはつまり、スポーツの娯楽的価値に関する事実は、人々の認識や考えに依存する事実であり、客観的事実ではないということである。したがって、スポーツの娯楽的価値を正しく認識しているかどうかといった問題は生じない。

これに対して、「原子は原子核と電子からできているか」「水は100度で沸騰するか」といった自然科学的問題は、人々の考え方次第で決まる問題ではなく、客観的事実についてわれわれが正しく認識したりしなかったりする問題であると考えられる（**図終―２**を参照）。自然科学的事実のみならず、われわれが通常、客観的な正しさを問題にする事柄については相対主義的な態度をとることができない。たとえば、「イラクに大量破壊兵器は本当にあったのか」という問いに対しては、「それは人々の考え方次第だよ」と答えることはできない。問題は、「心」というものが、このように、われわれの認識や考え方とは独立に存在し、われわれが正しく認識したりしなかったりするような類の存在であるのか、そうでないのかということである。

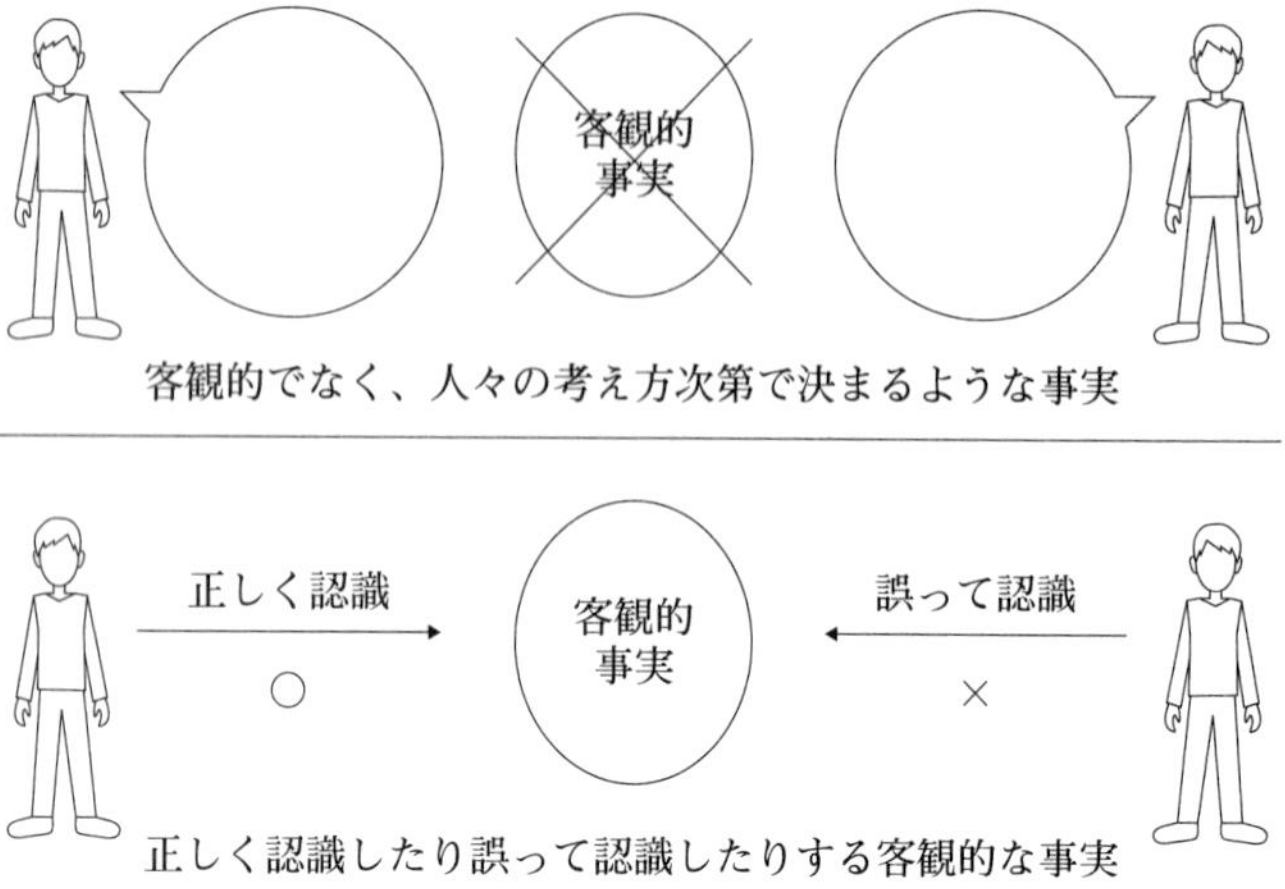

図終—2

もし、「心」なんて人間の思考がつくり出したものに過ぎないと言えるのならば、相対主義的な態度をとることができる。この場合には、心とは、原子や水、イラクの大量破壊兵器のような客観的な存在ではないということになる。しかし、「心」はそのような客観的存在ではないのだろうか。われわれがどう考えようが、心というものがどのようなものであるかは客観的に定まっているのではないだろうか（そもそも「考え方次第」と言うときの「考え（思考）」それ自体が一つの心の状態であるように思われるが、これがどのようなものであるかも「考え方次第」で決まるのだろうか?）。

もし心を客観的存在と考えるのならば、諸テーゼの妥当性を吟味するために、それらのテーゼがそれぞれ首尾一貫しているか、他の真理と整合しているか、さまざまな現象をどのテーゼが最もよく説明するかといった点を考慮しつつ、粘り強く答えを探求していく必要がある。そして、その「他の真理」には、自然科学など他の学問の真理も含まれるだろう。この限りで、哲学的探究はそれ自体で閉じた探究ではなく、他の学問と協同していくべき探究にほかならないのである。

参考文献と読書案内

「はじめに」でも書いたように、本書は読者として、心の哲学（あるいは哲学そのもの）をはじめて学ぶ人を念頭に置いていた。そこで、心の哲学（あるいは哲学一般）の勉強をさらに進めたいという人のための読書案内をしておこう。なるべく日本語文献を挙げるよう心掛け、翻訳がある英語文献は翻訳を示すことにした。英語文献もいくつか挙げているが、それらにも是非とも挑戦してほしい。なお、以下に挙げる文献の中には、本書を書くにあたって大いに参考にさせてもらったものも多く含まれている。本文中では参考文献を一切示してこなかったので、その点もここで示しておこう。

心の哲学全般

まず、現代の心の哲学の中心的な問題全般を扱った日本語文献として以下の四つを挙げておこう。

本書はこれらのいずれをも参考にしているが、特に（1）（3）に多くを負っている。それらは、哲学的議論とはどのようなものかを学ぶ上でも非常に参考になる本である。

（1）信原幸弘『心の現代哲学』勁草書房、一九九九年
（2）信原幸弘『考える脳・考えない脳——心と知識の哲学』講談社現代新書、二〇〇〇年
（3）ティム・クレイン（土屋賢二・監訳）『心は機械で作れるか』勁草書房、二〇〇一年
（4）柴田正良『ロボットの心——7つの哲学物語』講談社現代新書、二〇〇一年

次は、これまでの心の哲学の歴史に登場してきたさまざまな立場を紹介している。

（5）S・プリースト（河野哲也ほか・訳）『心と身体の哲学』勁草書房、一九九九年

また、少々難しくなるが、現代の中心的問題のそれぞれに関する論文を集めた文献としては以下のものを挙げることができる。

（6）信原幸弘（編）『シリーズ心の哲学Ⅰ　人間篇』勁草書房、二〇〇四年
（7）信原幸弘（編）『シリーズ心の哲学Ⅱ　ロボット篇』勁草書房、二〇〇四年

（8）信原幸弘（編）『シリーズ心の哲学Ⅲ 翻訳篇』勁草書房、二〇〇四年

同様に難度が高くなるが、心の哲学全般を扱った英語文献として、以下の四つを挙げておこう。（9）（10）は入門書、（11）は事典（いわゆる「読む事典」）、（12）は重要な論文を集めた論文集である。

（9）Tim Crane, *Elements of Mind: An Introduction to the Philosophy of Mind*, Oxford University Press, 2001
（10）John Heil, *Philosophy of Mind: A Contemporary Introduction*, 2nd ed., Routledge, 2003
（11）Samuel Guttenplan（ed.）, *A Companion to the Philosophy of Mind*, Blackwell, 1994
（12）David Chalmers, *Philosophy of Mind: Classical and Contemporary Readings*, Oxford University Press, 2002

序論

第2節「心の哲学の二つのテーゼ」に関しては、上に挙げた（5）を参考にしてほしい。第3節「哲学的議論の方法」に関しては、次の（13）を挙げておく。特に「反論の二種類——異論と批判」の内容は（13）の第10章に多くを負っている。

(13) 野矢茂樹『新版 論理トレーニング』産業図書、二〇〇六年

また、(A5) で触れた記号論理学については、以下の二つを挙げておく。記号がたくさん出てくるのは敬遠したいという人は (14) を読むとよい。(15) は記号論理学の入り口から相当に高度な内容まで広くカバーしているので、本格的に学びたいという人にお薦めする。

(14) 野矢茂樹『入門!論理学』中公新書、二〇〇六年
(15) 戸田山和久『論理学をつくる』名古屋大学出版会、二〇〇〇年

第1章 心の因果性

第1章の内容全般を扱っているものとしては、先に挙げた (9) の Ch. 2 がある。二元論と心の因果性の関係に関しては、(5) の第1章を参考にしてほしい。なお、「念力による因果関係」の議論は、(2) の「はじめに」から一部を借りている。また、心脳同一説と機能主義に関しては、(5) の第4・5章や (1) の第1章を読むとよい。やや難しくなるが、実際に心脳同一説や機能主義を唱えた論者たちの著書としては、以下の翻訳がある ((16) (17) は心脳同一説で、(18) は機能主義)。

(16) C・V・ボースト(編)(吉村章ほか・訳)『心と脳は同一か』北樹出版、一九八七年
(17) H・ファイグル(伊藤笏康ほか・訳)『こころともの』勁草書房、一九八九年
(18) D・M・アームストロング(鈴木登・訳)『心の唯物論』勁草書房、一九九六年

本書では、心物因果の問題は物的一元論の下で解消すると論じたが、実を言うと、最先端の議論では、心物因果は物的一元論にとっても大きな問題として残るのではないかという疑念が生じている。この問題は上級編に位置づけられるような問題であり、ここで詳しく紹介することができないが、興味のある人は、(9)のCh. 2や次の文献を読むとよい。

(19) ジェグォン・キム(太田雅子・訳)『物理世界のなかの心』勁草書房、二〇〇六年

第2章　心と意識

第2章の内容を全般的に扱っている文献としては、いずれも難度がやや高くなるが、以下の三つを挙げておこう。(20)(21)は物的一元論を支持する立場から、(22)は物的一元論に反対する立場から書かれている。

(20) ダニエル・C・デネット(山口泰司・訳)『解明される意識』青土社、一九九八年

(21) 信原幸弘『意識の哲学——クオリア序説』岩波書店、二〇〇二年
(22) デイヴィッド・J・チャーマーズ（林一・訳）『意識する心——脳と精神の根本理論を求めて』白揚社、二〇〇一年

現象的意識やクオリアとは何かに関しては、(22) の第1章を参考にするとよい。想定可能性論法や知識論法については (22) の第2〜4章を参考にするとよい。また、これも難度が高くなるが、次の第12章では、知識論法に類似した有名な議論が展開されている。

(23) トマス・ネーゲル（永井均・訳）『コウモリであるとはどのようなことか』勁草書房、一九八九年

第3章　心の志向性

第3節「物的一元論からの再反論」に関しては、(1) の第7章や (6) の第3章、(21) の第2章が参考になる。なお、第3節の議論で利用した水の例と棒の例は、それぞれ (21) と (1) から借りている。説明のギャップに関しては、(6) の第3章や (21) の第3章を読むとよい。また、「説明のギャップ」の概念がはじめて提示された論文が (12) に収められている (Ch. 35)。

志向性や命題的態度についての一般的な解説としては、(2)の第1章や(3)の第1〜4章を挙げておこう。また、やや難しくなるが、次の第1・2章を参考にしてもよい。

(24) ジョン・R・サール(坂本百大・監訳)『志向性』誠信書房、一九九七年

志向性とクオリアの関係に関しては、(1)の第8章や(6)の第3章、(21)の第4・5章で詳しい議論が展開されている。また、クオリアの志向説の代表的な提唱者であるギルバート・ハーマンの論文が(8)に収められている(第3章)。

第4節「志向性の説明」に関しては、(3)の第5章を参考にするとよい。また、第4節で紹介した「目的論的説明」とはやや異なる部分があるが、同じく目的論的な観点からの説明を扱ったものとしては、(1)の第4章や(6)の第2章がある。さらに、難度が高くなるが、目的論的説明の代表的な提唱者たちの著書として、次の二つを挙げておこう。

(25) フレッド・ドレツキ(水本正晴・訳)『行動を説明する』勁草書房、二〇〇五年
(26) ルース・G・ミリカン(信原幸弘・訳)『意味と目的の世界——生物学の哲学から』勁草書房、二〇〇七年

第4章　心の合理性

合理性と解釈主義に関しては、次が参考になる。

(27) サイモン・エヴニン（宮島昭二・訳）『デイヴィドソン——行為と言語の哲学』勁草書房、一九九六年

なお、(27) が扱っているD・デイヴィドソンの心の哲学そのものは、因果性と合理性の両方に心の本質を見出すものであり、純粋な解釈主義とは言えない。この心の哲学はかなり難度が高いため本書では扱うことができなかったが、非常に大きな影響力を持っているので、ここで、デイヴィドソンの著書を二つを挙げておこう。

(28) D・デイヴィドソン（服部裕幸ほか・訳）『行為と出来事』勁草書房、一九九〇年

(29) D・デイヴィドソン（野本和幸ほか・訳）『真理と解釈』勁草書房、一九九一年

ニューラルネットワークについては、(2) の第2章と (4) の第5章により詳しい解説がある。消去主義については、(1) の第3章や (6) の第4章を読むとよい。また、やや難度が高くなるが、次はニューラルネットワークとその哲学的含意に関する論文集である。

（30） 戸田山和久・服部裕幸・柴田正良・美濃正（編）『心の科学と哲学――コネクショニズムの可能性』昭和堂、二〇〇三年

同じく難度が高くなるが、（8）には、消去主義を唱えたポール・M・チャーチランドの有名な論文が収められている（第4章）。さらに、チャーチランドの著書である次の（31）では、ニューラルネットワークとその哲学的含意について詳細な議論が展開されている。

（31） ポール・M・チャーチランド（信原幸弘ほか・訳）『認知哲学――脳科学から心の哲学へ』産業図書、一九九七年

不合理性については、（27）の第9章9・4と、次を挙げておこう。

（32） 柏端達也『自己欺瞞と自己犠牲――非合理性の哲学入門』勁草書房、二〇〇七年

第5章　心の認識

他我問題や類推説については、次の第3章がわかりやすい言葉で考察している。この本は哲学一般

の入門書としてもお薦めする。

(33) トマス・ネーゲル(岡本裕一朗ほか・訳)『哲学ってどんなこと?——とっても短い哲学入門』昭和堂、一九九三年

行動主義については、(5)の第2章を参考にするとよい。また、難度が高くなるが、次は、しばしば代表的な行動主義者として挙げられるG・ライルの有名な著書である。

(34) G・ライル(坂本百大ほか・訳)『心の概念』みすず書房、一九八七年

自己知についてはいろいろな文献があるが、本書で扱った「自己知の説明」に関しては、初級〜中級レベルの文献が見当たらない。難度が高くなるが、次を挙げておこう。

(35) S・シューメーカー(菅豊彦ほか・訳)『自己知と自己同一性』勁草書房、一九八九年

また、(18)の第5章と第10章でも自己知についての考察が行われている(そこでは、物的一元論の立場から知覚モデルを支持することが試みられている)。なお、第3節でとり上げた認知心理学の実験の

話は、次を参考にしている。

(36) 下條信輔『サブリミナル・マインド』中公新書、一九九六年

哲学一般および心の哲学の周辺分野

最後に、心の哲学に限らず、哲学一般や心の哲学の周辺分野に関しても、いくつか文献を挙げておこう。

まず、コラムでとりあげたような哲学一般に重要な論法や概念についてもっと知りたいという人は、次を読むとよい。

(37) ジュリアン・バッジーニ／ピーター・フォスル(長滝祥司ほか・訳)『哲学の道具箱』共立出版、二〇〇七年

また、さまざまな哲学的問題をとりあげた哲学一般の入門書としては、先に挙げた(33)と次を挙げておこう。

(38) 麻生博之・城戸淳(編)『哲学の問題群——もういちど考えてみること』ナカニシヤ出版、二

〇〇六年

心の哲学の周辺分野としては、言語の哲学（言語哲学）、知識の哲学（認識論）、科学の哲学（科学哲学）、道徳の哲学（倫理学）などを挙げることができるが、これらの入門書としては以下のものを挙げておこう。

(39) W・G・ライカン（荒磯敏文ほか・訳）『言語哲学――入門から中級まで』勁草書房、二〇〇五年
(40) 戸田山和久『知識の哲学』産業図書、二〇〇二年
(41) 戸田山和久『科学哲学の冒険――サイエンスの目的と方法をさぐる』日本放送出版協会、二〇〇五年
(42) ジェームズ・レイチェルズ（古牧徳生ほか・訳）『現実をみつめる道徳哲学――安楽死からフェミニズムまで』晃洋書房、二〇〇三年

あとがき

私が哲学に入門したのは今から一五年ほど前のことだが、あいにく、その頃の自分の哲学的考察に関する記憶はほとんどない。記憶がないのは、入門したのが随分と前のことだからではないかと思うかもしれない。しかし、哲学に関すること以外では、ほとんど記憶がないなどということはないから、どうやら私の記憶力の問題ではなさそうである。その頃の自分は満足に哲学的考察ができていなかったように思える。つまり、もともと哲学的考察ができていなかったから、そのような考察をした記憶がないのである。

私が曲がりなりにも哲学的に考察できるようになるまでには、随分と時間がかかった。哲学的に「物心がついた」のは、ようやく大学院の博士課程に入った頃だったように思う。これは、単に私に哲学的素養がないというだけのことかもしれない。しかし、私と同じように哲学を学ぶことに難しさを感じる人は少なくないのではないだろうか。哲学という学問は、他の学問に比べて、一人前はおろか半人前になるにも非常に時間がかかる学問ではないかと思う。そうであるとすれば、教える側にも（今では私もその立場にあるが）工夫の余地がまだまだかなりあるのではないだろうか。哲学では、「これぞ標準的な教科書」と言えるようなものを挙げるのが難しい。まさにこの事実が、哲学における初学者教育の不充実ぶりを物語っているような気がする。幸い、近年は、工夫された教科書が次々と出版され始めている（そのいくつかは「参考文献と読書案内」でも紹介した）。本書をその一つに加えることができるかどうかはわからないが、哲学の世界における今の流れがより大きなうねりとなることを願っている。

ところで、私は心の哲学を通して哲学を学んだ。私と心の哲学とのつき合いももう一五年が経とうとしている（もっとも、物心がついてからは一〇年ほどであるが）。私が初めに関心を持ったのは、本書で「クオリア問題」と呼んだ問題だった。私には、クオリアを物的一元論の枠組みで説明することほど困難なことはないように思われた。しかし、心の哲学を学ぶうちに、二元論が直面する困難や、物的一元論のもっともらしさも次第にわかってきた。今の私は、クオリア問題に関して、進むべき道を探っている状態にある。

他方で、志向性や合理性、因果性に関しては、これまで解釈主義に最も共感を覚えてきた。本書の中でも、解釈主義を支持する論述をいくつか示しているが、これは私自身の見解であると理解してもらって差し支えない（裏を返せば、その点で本書は偏りのある入門書になってしまったかもしれない）。こちらの領域では、本書でも紹介した不合理性の問題や自己知の問題を解釈主義の枠組みでいかに説明できるかを探究することが目下の課題である。また、解釈主義の下で、「心」をどのような存在として理解できるかを考えていくことも今後の課題である。

クオリア問題も解釈主義の課題も、非常に大きな難問として、今の私の前に立ちふさがっている。おそらく、これからの研究人生でも、これらの問題や課題とつき合い続けることになるのではないかと思う。

最後に謝辞を述べたい。私が曲がりなりにもこれまで研究を続けてくることができたのは、多くのことを教えて下さった諸先生方や諸先輩方、研究会などで議論の相手をしてくれた研究仲間たちのおかげである。特に、私を心の哲学へと導き、学生時代の指導教官としてご指導して下さった村田純一先生、また、指導教官ではないにも関わらず、ご自分の指導学生と同様に、ときに厳しくもつねに温かくご指導して下さった信原幸弘先生、そして、私に哲学の面白さを教えて下さり、本書の執筆にあたってはさまざまなアドバイスや詳細なコメントまで下さった野矢茂樹先生のお三方には、厚く御礼申し上げたい。研究仲間の島村修平さんからも、本書の草稿に対して有益なコメントを頂いた。彼のコメントがなければ、私は本書を完成させる勇気を持てなかっただろう。島村さんにも感謝したい。また、本書の元になった私の授業を受講してくれた自由学園、埼玉大学、國學院大学、千葉大学、高千穂大学の多くの学生たちにも感謝したい。Q＆Aは、彼ら彼女らの実際の疑問や意見を参考にさせてもらった。そして、勁草書房の土井美智子さんには、本書を執筆する機会を頂き、また執筆が遅れがちな私を寛大に受けとめて下さったことに対して、心より御礼申し上げたい。最後に、私をこれまで見守ってきてくれた両親と兄にも心から感謝したい。

二〇〇七年六月

金杉武司

タ　行

ナ　行

ハ　行

索　引

著者略歴

1972 年　埼玉県に生まれる
2003 年　東京大学大学院総合文化研究科博士課程修了
現　在　國學院大學文学部教授、博士（学術）
著　書　『解釈主義の心の哲学――合理性の観点から』（勁草書房、2014 年）、『シリーズ新・心の哲学Ｉ　認知篇』（共著、勁草書房、2014 年）ほか
訳　書　ドナルド・デイヴィドソン『合理性の諸問題』（共訳、春秋社、2007 年）、『シリーズ心の哲学Ⅲ　翻訳篇』（分担訳、勁草書房、2004 年）ほか
主論文　「行為の反因果説の可能性――意志の弱さの問題と行為の合理的説明」（『哲学』63 号、2012 年）、「他者と心の多面性――野天茂樹『心という難問――空間・身体・意味』を読む」（『科学哲学』51 巻 1 号、2018 年）ほか

心の哲学入門

2007 年 8 月 25 日　第 1 版第 1 刷発行
2022 年 4 月 10 日　第 1 版第 12 刷発行

著　者　金《かな》杉《すぎ》武《たけ》司《し》

発行者　井　村　寿　人

発行所　株式会社　勁《けい》草《そう》書　房

112-0005　東京都文京区水道 2-1-1　振替　00150-2-175253
（編集）電話　03-3815-5277／FAX　03-3814-6968
（営業）電話　03-3814-6861／FAX　03-3814-6854
理想社・松岳社

ISBN978-4-326-15392-3　　Printed in Japan

＊落丁本・乱丁本はお取替いたします。
ご感想・お問い合わせは小社ホームページから
お願いいたします。

https://www.keisoshobo.co.jp

金杉武司	解釈主義の心の哲学	合理性の観点から	A5判	四六二〇円
信原幸弘・太田紘史編	シリーズ新・心の哲学	Ⅰ認知篇 Ⅱ意識篇 Ⅲ情動篇	四六判	Ⅰ三三〇〇円 Ⅱ三五二〇円 Ⅲ三〇八〇円
信原幸弘編	シリーズ心の哲学	Ⅰ人間篇／Ⅱロボット篇／Ⅲ翻訳篇	四六判	各三〇八〇円
信原幸弘	心の現代哲学		四六判	二九七〇円
中山康雄	言葉と心	全体論からの挑戦	四六判	二八六〇円
T・クレイン	心の哲学	心を形づくるもの	植原亮訳	三五二〇円
S・プリースト	心と身体の哲学		河野哲也他訳	四一八〇円
R・G・ミリカン	意味と目的の世界	生物学の哲学から	信原幸弘訳	三八五〇円
J・キム	物理世界のなかの心	心身問題と心的因果	太田雅子訳	三三〇〇円
F・ドレツキ	行動を説明する	因果の世界における理由	水本正晴訳	三七四〇円
服部裕幸	言語哲学入門		四六判	三〇八〇円
W・G・ライカン	言語哲学	入門から中級まで	荒磯敏文他訳	三九六〇円

＊表示価格は二〇二一年四月現在。消費税10%が含まれております。